Evolviere zum/zur Buddha!
Eine moderne und historische Beschreibung

Gelnhäuser buddhistische Beiträge, Band 7

Das Buch

Dieses Buch enthält die buddhistische Sicht unseres gewöhnlichen, von Verlangen, Abneigung und irrigen Projektionen geprägten, menschlichen Lebens im Teil 1 (Sieh in den Zauberspiegel!). Dazu gibt es nach buddhistischer Auffassung eine Alternative, den Pfad zur Erleuchtung. Hierzu hat der Autor die Vortragsreihe Evolutionskurs: „Tier – Mensch – Buddha" bei Meditation am Obermarkt (heute: Buddhistische Gemeinschaft Gelnhausen) gehalten, die – leicht überarbeitet – den Teil 2 dieses Buches umfasst. In diesem Kurs erklärt er, wie Buddhisten individuell daran arbeiten, die Evolution zu vollenden. Der Mensch wird hierbei als Bindeglied zwischen dem Tierreich und dem Nirwana gesehen. Den Menschen, der zu einer/einem Vollendeten geworden ist, nennen wir „Buddha".

Dieses Buch ist eine Beschreibung des Weges, aber keine Übungsanleitung für den Weg. Das wird vielmehr Gegenstand eines der nächsten Bücher dieser Reihe sein (Arbeitstitel: „Selbsttransformation durch Meditation").

Kursiv und fett gedruckte Begriffe sind in einem Glossar am Ende des Buches erklärt.

Der Autor

Horst Gunkel, Jahrgang 1951, arbeitete 40 Jahre als Lehrer an einem beruflichen Schulzentrum. Er engagierte sich in zahlreichen Vereinen und Bürgerinitiativen zum Schutz des Lebens in all seinen Formen. Von 1981 bis 1995 war er in zahlreichen Gremien und zwei Regionalparlamenten aktiv. Von 1987 bis 2000 leitete er außerdem das ÖkoBüro Hanau. Anfang der 90er Jahre begegnete er dem Buddhismus und erkannte schnell, dass ein Engagement hierin (noch) wichtiger sei als sein bisheriges politisches Wirken. Er legte alle politischen Ämter nieder und setzte sich im Netzwerk Engagierter Buddhisten für ökologische, pazifistische und soziale Projekte ein. 1996 kam er zur Buddhistische Gemeinschaft Triratna (damals: Freunde des Westlichen Buddhistischen Ordens), für die er zunächst in Frankfurt/M. eine Meditationsgruppe aufbaute, dann die Buddhistische Gemeinschaft Gelnhausen.

Weitere Vorträge, Erzählungen und geleitete Meditationen von Horst Gunkel finden sich unter http://www.gelnhausen-meditation.de.

Horst Gunkel

Evolviere zum/zur Buddha!
Eine moderne und historische Beschreibung

*Bibliografische Information der Deutschen Nationalbibliothek:
Die Deutsche Nationalbibliothek verzeichnet diese Publikation in
der Deutschen Nationalbibliografie; detaillierte bibliografische
Daten sind im Internet über dnb.dnb.de abrufbar.*

Originalausgabe 2022
© 2022 by Horst Gunkel

Bei der Erstellung dieses Bandes wurde der Autor unterstützt
von Anagarika Sraddhabandhu, Jochen Vogt und Michael
Hauselberger.

Herstellung und Verlag: BoD – Books on Demand, Norderstedt

ISBN: 978 3 7562 3601 5

Inhaltsverzeichnis

Teil 1: Sieh in den Zauberspiegel!	7
Einleitung: Worum es geht	9
Das Rad des Werdens	15
Die drei Tiere, die du bist	23
Handlungen haben Folgen	27
Die sechs Geistesverfassungen	33
Das Rad und die Evolution	49
Teil 2: Die Evolution des Menschen	55
Verblendung - *avijjā*	57
Automatische Bewertung - *vedanā*	63
Letztlich nicht völlig zufriedenstellend - *dukkha*	73
Geburt - *jāti*	85
Gläubiges Vertrauen- *saddha*	95
Psycho-somatische Einheit - *nama-rūpa*	101
Deine Baustelle: *karma niyama*	111
Das süße Leben der Buddhisten	119
Meditative Konzentration - *samādhi*	125
Der Punkt! - *yatha bhuta ñāna dassana*	133
Das heilige Leben – *nibbida, virāga, vimutti*	143
Amoghasiddhi	151
Das hat gerade noch gefehlt!	157
Begriffserklärungen	171
Verzeichnis der Abbildungen	6
Wo finden sich weitere Beiträge des Autors?	195

Verzeichnis der Abbildungen

Das Rad des Lebens	14
Die Nabe des Rades	22
Die Götterwelt	32
Die Ebene der *asuras*/Titanen	36
Manjusri	39
Die Ebene der *pretas*/Hungergeister	41
Der Bereich der Hölle	43
Das Tierreich	45
Die Menschenwelt	46
Kette des Bedingten Entstehens	48
Das Rad und der Pfad	58
avijjā/Verblendung	59
vedanā/Empfindungen	64
salāyatana/Die sechs Sinne	65
phassa/Kontakt	66
tanha/Verlangen	67
upādāna/Anhaften	68
Triratna – Die Drei Juwelen	72
Das Rad der Lehre *(dharma cakra)*	84
jāti/Geburt im Lebensrad	85
sankhāras/Formkräfte oder Gestaltungskräfte	87
viññāna/Bewusstsein	87
Der Pfad (in Worten)	94
Das Rad und der Pfad (*nidānas* und *upanisās*)	100
nama-rūpa (Körper und Geist)	102
Der Pfad zum Erwachen (und das Ziel)	118
Die Grüne Tara	150
Doppelvajra	153
Fünf weitere Pfadglieder	159
Der Pfad der unterstützenden Bedingungen	169
Das Mandala der fünf Jinas	169

Teil 1

Sieh in den Zauberspiegel!

Teil 1

Sieh in den Zauberspiegel!

Einleitung: Worum es geht

*Bitte beachten: **Kursiv und fett*** gedruckte Worte sind in einem Glossar am Ende des Buches erläutert – aber nur das, was wirklich sowohl *kursiv* **als auch**[1] **fett** gedruckt ist.

Prinz **Siddhārtha** Gotama von **Śākya**, der spätere **Buddha**, hatte sich, als er mit etwa 28 Jahren sein Leben im Palast aufgab und sich als spiritueller Sucher auf seine Wanderschaft durch Indien machte, ein hohes Ziel gesetzt. Er wollte das Leiden verstehen, das er in erster Linie in Altern, Krankheit und Tod sah, aber auch darin, mit dem, was man verabscheut, zusammen zu sein und von dem, was man liebt, getrennt zu sein. Er wollte dieses Leiden aber nicht nur verstehen, er wollte es auch überwinden. Nach der damals in dem von der Hindureligion geprägten Indien vorherrschenden Überzeugung, wird man nach dem Tod erneut geboren und damit beginnt dieses Rad des Lebens, das aus Geburt, Altern, Krankheit, Tod und **Wiedergeburt** besteht, sich immer erneut zu drehen.

Nach Jahren des Suchens und der spirituellen Praxis verstand **Siddhārtha** das Leiden, er formulierte die **Erste Edle Wahrheit:** „Letztendlich ist alles in dieser Welt unvollkommen," weil es nämlich entweder *per se* leidvoll ist (wie Kopfschmerzen), oder angenehm aber vergänglich, oder aber es hat neben den angenehmen Wirkungen auch unangenehme Wirkungen für mich oder für andere, möglicherweise sogar für die gesamte Biosphäre. Letzteres wird uns im 21. Jahrhundert mit der sich verschärfenden Klimaproblematik und all den anderen Nebenwirkungen des ***kapitalistisch-konsumistischen Wirtschaftssystems*** nur allzu deutlich.

---

1 Das solltest du als kleine Achtsamkeitsübung ansehen!

Und da alles, was entsteht, in Abhängigkeit von Bedingungen entsteht, erkannte *Siddhārtha* auch die **Zweite Edle Wahrheit**, die Wahrheit von der Ursache des Leides. Die Ursache unserer Probleme liegt darin, dass wir irrtümlich glauben, dass uns irgendetwas (oder irgendjemand) dauerhaft glücklich machen kann, oder auch, dass wir dann, wenn nur das, was uns stört, weg wäre, dauerhaft glücklich wären. Die Ursache für unser Leiden liegt also zum großen Teil in uns selbst, in unserem **Verlangen** (unserer Gier!) etwas haben zu wollen, was uns glücklich macht, oder in der **Abneigung** gegen etwas, was wir nicht mögen, sowie in der **irrigen Annahme**, wir wären glücklich, wenn wir das bekämen, was wir gerade wollen, oder wenn das weg wäre, was wir gerade verabscheuen. *Siddhārtha* erkannte also, dass *Gier, Hass* und *Verblendung* die Ursache unseres Leidens sind.

Und damit lag die theoretische Lösung des Problems, dass alles auf dieser Welt unvollkommen ist, klar auf der Hand: beseitige die Ursache (Verlangen/Gier, Abneigung/Hass und irrige Projektionen/Verblendung), dann beseitigst du auch die Folge, den Ärger über die Unvollkommenheit. *Siddhārtha* nannte das die **Dritte Edle Wahrheit**.

Das war allerdings erst einmal nur eine theoretische Lösung. Wie sollte das in die Praxis umgesetzt werden? Schließlich erkannte *Siddhārtha* durch Selbstversuche nach der Methode von *trial and error*, wie dies umzusetzen ist, nämlich indem man an insgesamt acht inneren Baustellen arbeitet. Dies nannte er die **Vierte Edle Wahrheit**: die Wahrheit vom Pfad, den man zur Befreiung beschreiten muss, in dem man an diesen acht Baustellen arbeitet, den **Edlen Achtfältigen Pfad:**

1. Arbeite an deiner Vision vom Pfad (Rechte Schauung).
2. Arbeite an deiner Entschlossenheit, gemäß dieser Vision zu leben (Rechter Entschluss).
3. Arbeite an deiner Sprache (Rechte Rede).

4. Arbeite an deinen Handlungen (Rechtes Handeln).
5. Arbeite daran, dein ganzes Leben mit deinen Idealen in Einklang zu bringen (Rechter Lebenswandel).
6. Arbeite mit vollem Einsatz, nicht halbherzig (Rechtes Bemühen).
7. Sei bei alledem achtsam (Rechte Achtsamkeit).
8. Begleite das alles kontemplativ und meditativ (Rechter *samādhi*).

Daher lehrte der Buddha den **Edlen Achtfältigen Pfad** denjenigen, die sich voll und ganz darauf einlassen wollten, den Mönchen und Nonnen. Und er lehrte seinen Laienanhänger *innen eine vereinfachte Version, den **Dreifachen Pfad**, der aus Ethik, Meditation und Weisheit besteht.

Mitunter gebrauchte der Buddha aber auch eine ausführlichere Beschreibung, eine Beschreibung, die sowohl das enthält, was uns normalerweise im Leben umtreibt, als auch das, was wir tun müssen, um aus diesem Teufelskreis herauszukommen und das Ziel zu erreichen, was *Siddhārtha* erreicht hat, als er mit seinem *Erwachen* zum *Buddha* wurde. Er hat dies in zwei Visionen beschrieben, die miteinander verknüpft sind.

Die erste dieser Visionen des Buddha, die gewöhnliche Welt, in der wir alle leben und handeln, mit seinen erleuchteten Augen gesehen, hat er in einer Art geschildert, die buddhistische Künstler in ein Bild umgesetzt haben, das *bhāva cakra*, das Rad des Werdens (siehe Abbildung S. 14). Dies wird oft als **„Rad des Lebens"** bezeichnet, meist fälschlich mit „Tibetisches Lebensrad". Diese Bezeichnung kommt daher, dass die entsprechenden Abbildungen über Tibet in den Westen kamen. Die ursprünglichen indischen Varianten waren nämlich während der islamischen Herrschaft über Indien (12. - 14. Jhd.) alle zerstört worden.

Das *bhāva cakra* erscheint uns, wenn wir es ohne Erklärung sehen, ziemlich merkwürdig, sehr überladen und voller fremder Symbolik. In diesem ersten Teil dieses Buches werde ich dieses *bhāva cakra* in einer Art beschreiben, wie ich es im Wesentlichen von **Sangharakshita**, meinem Lehrer, übernommen habe. Dies ist eine Art, die es uns westlichen Menschen des 21. Jahrhunderts verständlich macht.

Die zweite Vision hat der Buddha im *upanisā sutta* dargelegt. Es zeigt, wie man aus diesem *bhāva cakra*, diesem Rad aus Geburt und Wiedertod, aus Tod und *Wiedergeburt* aussteigt. Für manche von uns ist der Gedanke an Wiedergeburt vielleicht absurd, für andere hingegen eine große Hoffnung. Ursache für diese beiden Ansichten ist ein falsches Verständnis von Geburt und Tod, vom Leben. Der Buddha hat das mit dem Satz ausgedrückt: **Es gibt Wiedergeburt, aber es gibt niemanden, der wiedergeboren wird.** Damit hat er den hinduistischen Wiedergeburtsgedanken verworfen, ohne in das anderem Extrem, den Nihilismus, zu verfallen.

Dieser Satz wird dann etwas verständlicher, wenn wir beginnen einzusehen, dass es so etwas wie ein festes, von der Umwelt abgetrenntes „Ich" nicht gibt, das wiedergeboren werden kann. Das, was wir konventionell als „Ich" bezeichnen, besteht aus lauter Nicht-Ich-Elementen, alles was dieses physische „Ich" ausmacht, haben wir durch Stoffwechsel (also von Nicht-Ich vom „Ander") aufgenommen und durch genetisches Material unserer Eltern, die auch Nicht-Ich sind, mitbekommen.

Alles, was wir in unserem Bewusstsein haben, haben wir durch Lernprozesse in diesem Leben, durch genetisches Material oder durch Lernprozesse früherer Wesen, die (teilweise) in unserer DNA gespeichert sind, mitbekommen. Es gibt nach buddhistischer Auffassung kein festes abgetrenntes Selbst, auch keine Seele, die wiedergeboren werden kann. Aber alle diese Materie in uns verschwindet nicht mit unserem Tod, sie bleibt erhalten.

Alles, was in unserem (immateriellen) Bewusstsein enthalten ist, ist nicht von allein entstanden, und es wird auch nicht spurlos verschwinden. Nichts entsteht von allein, nichts verschwindet spurlos, es kann sich nur umwandeln. Geist entwickelt sich, Geist evolviert – und wir sind Teil dieses Evolutionsprozesses.

Dies kann man sich recht gut mit dem Bild einer Welle im Ozean veranschaulichen. Die gewaltige Energie eines Ozeans zeigt sich in den aufschäumenden Wellen, die jedoch nur kurz erscheinen. Aber obwohl kein Wassermolekül verschwunden ist und auch die in der Welle erschienene Energie nicht plötzlich weg ist, so ist diese Welle doch nach wenigen Sekunden nicht mehr existent, sie ist zurückgekehrt in die unendliche Weite des Ozeans. Aber diese Energie existiert weiter, sie wird weiter Wellen bilden und auch die Wassermoleküle sind nicht verschwunden. Dennoch ist dieses Bild keine vollkommene Metapher, denn – anders als die Energie in der Welle – vermag unser Geist etwas Neues zu kreieren, einen Beitrag zur Evolution zu leisten, zur spirituellen Evolution. Das kannst du ruhig als Aufruf verstehen, an deiner spirituellen Evolution spielerisch zu arbeiten und damit nützlicher zu sein, als eine Welle im Ozean.

In diesem Buch erfahren wir einiges über unsere Evolution und wir erfahren auch etwas ganz Entscheidendes: wie wir als Menschen unsere geistige Evolution steuern können, wie wir vom gemeinen Erdenbürger zum wahrhaften „homo sapiens", zu einem Weisen werden können, und wie man sogar die nächste große Evolutionsstufe oberhalb des Menschen erreichen kann, die Stufe, die der historische **Buddha** erreicht hat und die viele, viele andere seither auch erreicht haben.

Rad des Werdens (*bhāva cakra*)

Das Rad des Werdens

Die Erleuchtungserfahrung des *Buddha* teilte er anderen auf vierfache Weise mit: durch Begriffe und Symbole, durch sein Handeln und durch Schweigen. In diesem Buch betrachten wir, wie der Buddha seine Schauung durch Begriffe und Symbole vermittelte.[2]

Buddhas grundlegende Erkenntnis war das *Bedingte Entstehen*. Der Buddha hat erkannt, dass die Welt keine Welt von Dingen ist, sondern eine Welt von Prozessen. Ein Ding ist nichts anderes als die Momentaufnahme eines Prozesses. Das Buch, das der Leser in der Hand hält, ist nur momentan ein Buch, morgen ist es Altpapier oder Brennmaterial. Es war nicht immer ein Buch, es war Papier, Holz, Baum, es war die Sonne, der Regen und der Boden, ohne den der Baum nicht wachsen konnte. Es war Druckerschwärze und das, was die Druckerschwärze ausdrückt, es waren Ideen in meinem Kopf, die dort nicht hätten entstehen können, wenn es den Buddha nicht gegeben hätte, meinen Lehrer Sangharakshita, meine Eltern und den Zweiten Weltkrieg, ohne den meine Eltern nicht geheiratet hätten.

Alles, was entsteht, entsteht in Abhängigkeit von Bedingungen. Alles ist prozesshaft. Prozesse vollziehen sich auf der materiellen Ebene, und Prozesse vollziehen sich auf der geistigen Ebene, wobei die Prozesse der materiellen und die der geistigen Ebene miteinander verknüpft sind. Der Buddha erkannte, dass es innerhalb der bedingten Existenz nirgendwo etwas gibt, das nicht der Veränderung unterläge, das nicht prozesshaft wäre.

Aber Wandel, Veränderung, Entwicklung, Evolution vollzieht sich keineswegs nur zufällig, wir können durch unser Handeln die Entwicklung gestalten. Alles was entsteht, entsteht in

---

2 Wie der Buddha sein Wissen durch Worte kommunizierte, habe ich u. a. in Band 4 dieser Reihe „Ausgewählte Lehrreden des Buddha" beschrieben.

Abhängigkeit von Bedingungen, von denen wir einige beeinflussen können. Alles, was vergeht, vergeht, weil die Bedingungen, die für seine Existenz nötig sind, nicht mehr gegeben sind. Der Buddha erkannte das Gesetz der Bedingtheit, er erkannte das Gesetz des Wandels. Das ist der Kern jeden buddhistischen Denkens.

Dabei gibt es zwei Arten von Bedingtheit, die eine können wir als kreisförmige Bedingtheit bezeichnen. Der Wechsel von Tag und Nacht, die Jahreszeiten, die Hochs und Tiefs im Wetter und in unseren Stimmungen, das sind Beispiele für das, was eine kreisförmige Bedingtheit darstellt. Dies funktioniert in der Regel nach dem Reiz-Reaktions-Schema, so wie die Blumen, die aufgehen, wenn die Morgendämmerung kommt und die sich mit den Abendstunden wieder schließen, oder die Bäume die ihr Laub verlieren, wenn die Tage kürzer werden und erneut austreiben, sobald die Tage im Frühjahr wieder länger werden.

Es gibt aber auch eine andere Art von Bedingtheit, eine nach Höherem strebende, eine evolvierende. So formte sich nach dem Urknall die Materie zu Atomen, zu Molekülen, zu Materieklumpen, zu Sonnen und Planeten; und auf einigen Planeten konnte - in Abhängigkeit von bestimmten Bedingungen - Leben entstehen, Aminosäuren, Einzeller, Pflanzen, Tiere, der Mensch und der Buddha.

Wir werden uns im diesem ersten Teil des Buches schwerpunktmäßig mit dem zyklischen Modell beschäftigen. Hierzu dient uns das Bild des *bhāva cakra*, des sog. Lebensrades. Im zweiten Teil beschäftigen wir uns mit dem *upanisā sutta*, in welchem der Buddha beschrieb, wie wir unsere weitere Entwicklung, unsere individuelle Evolution selbst gestalten können, wie wir die nächste Evolutionsstufe erreichen können, wie wir zu einer oder einem Vollkommenen werden können, zu einer oder einem Buddha.

Sehen wir uns dieses merkwürdige Bild, das *bhāva cakra*, zunächst gemeinsam an. Es besteht im Wesentlichen aus vier konzentrischen Kreisen und aus einigem Brimborium drumherum[3]. Im inneren Kreis des Rades, in der Nabe, sehen wir – nicht ganz leicht zu erkennen – drei Tiere: einen Hahn, eine Schlange und ein Schwein.

Der zweite Kreis ist ziemlich schmal, die eine Seite ist weiß, die andere schwarz. In diesem Kreis bewegen sich Menschen, jedoch in unterschiedliche Richtung: die im weißen Abschnitt steigen nach oben, die im dunklen Teil des Kreisrings stürzen hinab.

Der dritte Kreis ist der bei weitem größte, er wird durch Speichen in sechs Teile geteilt, die traditionell als verschiedene Welten gesehen werden, wir können sie allerdings auch als unterschiedliche Geistesverfassungen betrachten. Ganz oben befindet sich eine Art Götterwelt, wo *devas* in herrlichen Palästen leben. Dies scheint eine Welt des Genusses zu sein und sie wirkt irgendwie anziehend.

Wenn wir im Uhrzeigersinn weitergehen sehen wir die Welt der *asuras*, das sind Kämpfer, die offensichtlich mit irgendetwas unzufrieden sind und dies mit Gewalt bekämpfen wollen.

---

3 Das „Brimborium" außerhalb der konzentrischen Kreise ist eigentlich eher Verzierung. In der in diesem Buch dargestellten Version des Bildes sehen wir einen Dämon, der das Rad in den Klauen hält. Der Dämon steht für Vergänglichkeit. Das könnte uns ermahnen, die Zeit zu nutzen, um dem Rad zu entfliehen. Ganz oben rechts sehen wir einen Buddha, der nach links zeigt, dort ist ein Hase. Dieser steht in einer buddhistischen Fabel für „großes Mitgefühl". Auch dies soll uns darauf aufmerksam machen, an uns zu arbeiten, um diesem Lebensrad zu entkommen. Wie das geht, macht den zweiten Teil dieses Buches aus, die „Höhere Evolution", also wie wir uns von unserem jetzigen Stand weiterentwickeln können zum/zur Buddha, einem oder einer Vollkommenen, die nicht im Rad der Geburten, im „Rad des Werdens" (*bhāva cakra*), gefangen ist.

Rechts unten sehen wir Wesen mit aufgequollenen, dicken Bäuchen aber einem ganz dünnen Hals, sie erinnern etwas an hungernde Kinder in Afrika. Das ist die Welt der *pretas*, der hungrigen Geister. Von ihnen wird traditionell gesagt, dass sie ein riesiges Verlangen haben, sobald sie aber etwas in den Mund nehmen, verwandelt sich diese Nahrung noch im Mund in Exkremente oder Feuer, so erleiden sie Tantalusqualen.

Die Wesen im untersten Abschnitt erleiden Höllenqualen, diese Welt erinnert tatsächlich an die christliche Hölle und es ist vielleicht nicht wirklich schlimm, dass man auf dem hier abgebildeten *bhāva cakra* keine Einzelheiten erkennt.

Dem Uhrzeigersinn nach geht es jetzt wieder aufwärts, hier können wir mehr erkennen: Fische im Wasser, einen Vogel in der Luft und auch Landtiere. Hier handelt es sich um die Welt der Tiere.

Das letzte der sechs Segmente ist die Menschenwelt. Hier sehen wir Leute bei der Feldarbeit, einen Reiter und auch einen Lehrer der kleinere Menschen belehrt, vielleicht schicken sie sich auch gerade an zu meditieren.

Traditionell gelten diese sechs Welten als verschiedene Orte, an denen wir geboren werden können, so wie wir nach einer christlichen Vorstellung nach dem Tod im Himmel oder in der Hölle erscheinen. Der Unterschied ist – wenn wir das so sehen – nicht allzu groß, jedoch gibt es zwei wesentliche Unterschiede zur christlichen Vorstellung, nämlich einmal, dass es nicht nur zwei absolut verschiedene Möglichkeiten gibt, sondern insgesamt sechs. Der zweite Unterschied besteht darin, dass man dort nicht für ewig verweilt. Man wird dort wiedergeboren, verweilt aber nur eine gewisse Zeit dort, nicht für die Ewigkeit. Aber diese – ich würde sagen: eher volksbuddhistische – Sicht der Dinge ist nur eine Interpretationsmöglichkeit.

Eine andere Interpretation ist, dass wir in Abhängigkeit von unseren Taten an Orten in der Welt erscheinen, die diesen Stereotypen nahekommen. Wer in einem reichen Land der Oberschicht angehört, für den stellt sich das Dasein wie eine Götterwelt da. Er wird auch da nicht immer glücklich sein, aber er oder sie hat es mit Sicherheit besser getroffen als die meisten anderen. Wer als Frau in einem von den Taliban beherrschten Gebiet zur Welt kommt, für den stellt sich die Welt vielleicht wie die Hölle da, obwohl auch in diesem Leben nicht alles schwarz ist, auch hier gibt es glückliche Momente.

Mir, der ich in Friedenszeiten in einem reichen Land in der Mittelklasse geboren wurde und das Glück hatte, im mittleren Alter sogar der Lehre des Buddha zu begegnen, erscheint mein Leben dem der Menschenwelt zu entsprechen.

Wer hingegen in einem Slum geboren wurde, wo es nur ums Überleben geht, für jemanden dessen wichtigste Bedürfnisse rein körperlicher Natur sind – der oder die lebt wohl in einer animalischen Welt.

Dies ist die zweite Art, wie man das Erscheinen in den verschiedenen Welten sehen kann. Die dritte Art, ist die, von sechs verschiedenen Geistesverfassungen zu sprechen, in denen wir gerade sein können. Wenn das so ist, dann sind wir zeitweise in den unterschiedlichen Welten, dann werden wir gewissermaßen täglich vielfach „wiedergeboren", mal als *deva*, mal *asura*, dann wieder als hungriger Geist.

Wann sind wir in der Götterwelt? Vielleicht während der Meditation oder wenn wir ein sehr gutes Musikstück genießen, ein tolles Erlebnis in der Natur haben oder ein gutes Buch lesen. Wenn wir aber darüber nachdenken, wie wir zu Geld kommen oder unser Geld gewinnbringend anlegen können, dann sind wir wohl eher in der Welt der *asuras*. Und wenn wir nicht gezielt etwas einkaufen, das wir dringend benötigen, sondern einfach shoppen, weil es uns nach neuen Dingen gelüstet, dann sind wir eindeutig in diesem Moment in der Welt der hungrigen Geister.

Und wenn wir nur nach dem Lust- und Vermeidungsprinzip leben, möglichst wenig tun, was uns lästig ist, wenn sich unsere Gedanken nur ums Essen, ums Trinken und um Sex drehen, dann sind wir in einer Tierwelt. Und an manchen Tagen erscheinen wir nacheinander in allen diesen sechs Welten.

Ich möchte jetzt noch kurz den äußeren Kreis, den äußeren Ring beschreiben, bevor ich mich den vier Kreisen im Detail annehme. Der äußere Kreis ist zwölfteilig und stellt eine bestimmte Reihenfolge dar.

Bild 1 steht auf der Uhrzeigerstellung von 1 Uhr, es zeigt eine blinde Person, die sich mit einem Blindenstock den Weg zu ertasten versucht.

In Bild 2 sehen wir einen Töpfer bei der Arbeit, er produziert unterschiedliche Gefäße.

Bild 3 stellt einen Affen in einem blühenden Baum dar.

Auf Bild 4 sitzen vier Menschen in einem Boot.

Bild 5 zeigt ein Gebäude mit fünf Fenstern und einer Tür.

In Bild 6 sehen wir ein Paar, das sich berührt.

Bild 7 zeigt eine Person, der ein Pfeil im Auge steckt.

In Bild 8 reicht eine Frau einem Mann ein Glas Bier.

In Bild 9 erkennen wir eine Person, die Früchte pflückt und sie in einen Korb legt.

Bild 10 zeigt eine schwangere Frau.

Bild 11 zeigt eine Entbindende.

In Bild 12 sehen wir eine Person, die – wie früher in Tibet üblich – eine Leiche auf dem Rücken zum Leichenplatz schleppt.

All das erscheint uns sehr merkwürdig – dieser äußere Ring, aber auch die anderen Teile des Bildes. Früher war ein solches

Bild außen auf die meisten buddhistischen Klöster gemalt. Zu dieser Zeit waren die Menschen Analphabeten, Schriftzeichen hätten ihnen nichts sagen können. Und so blieben die Leute stehen und besahen sich das merkwürdige Bild. Gewöhnlich hielt sich ein Mönch mit irgendeiner Arbeit, vielleicht mit Gartenarbeit, in der Nähe auf. Wenn dann jemand staunend dieses Bild betrachtete, so kam er hinzu und es entwickelte sich ein Gespräch. Vielleicht fragte der Betrachter, was das für ein Vogel in der Mitte sei.

Dann sagte der Mönch dem oder der Fragenden, dass dies ein Hahn sei, aber dass es auch ein Teil von ihm, von dem Fragenden sei. Dieses Bild sei ein Zauberbild, es stellte ihn, den Fragenden dar, und dann erklärte der Mönch inwiefern auch der Hahn ein Teil von ihm sei.

In den nächsten Kapiteln werde ich die einzelnen Elemente dieses Bildes, dieses Zauberbildes, das DICH darstellt, näher erläutern.

Die inneren beiden konzentrischen Kreise des *bhāva cakra*:

- Drei Tiere, die du bist (innen)
- Handlungen haben Folgen (außen)

Die drei Tiere, die du bist

Im inneren Ring dieses Rades, in der Nabe des Rades, um die sich alles dreht, befinden sich drei Tiere, die du bist. Selbstverständlich stehst du in der Mitte deines Universums, denn du bist nicht erleuchtet. Daher bist du selbst der Mittelpunkt für dich. Aber du bist kein wirklicher Mensch, kein *homo sapiens sapiens*! In deinem Kern bist du ein Tier, du hast nie wirklich die Evolutionsstufe des Tieres verlassen. Der Zauberspiegel, der dieses Bild ist, zeigt dir dein wahres Gesicht: es ist nicht das eines kultivierten *homo sapiens sapiens*, in dir steckt vielmehr der Hahn.

Was macht einen Hahn aus? Wenn man freilaufende Hühner betrachtet, ist die vielleicht augenfälligste Erscheinung der Hahn. Betrachten wir uns den Hahn, was macht der Hahn?

Ein Hahn läuft meist planlos herum, er kräht am liebsten auf dem Misthaufen, er scharrt in der Erde, er frisst, er trinkt und er besteigt die Hühner. Und all das steckt auch in dir und in mir und in jedem unerleuchteten Wesen. Essen, Trinken und Sex sind in der Tat die Triebmittel jedes tierischen Lebens – und das ist im Prinzip auch gut so, denn nur durch diese drei Funktionen ist die Erhaltung der Art möglich.

Da Tiere nicht unsterblich sind, müssen sie sich sexuell reproduzieren. Da Tiere zum Leben Wasser und Energie benötigen, müssen sie diese aufnehmen und verstoffwechseln. Niemand wird von dir verlangen, dass du mit Essen und Trinken aufhörst, das würde dich umbringen. Beides ist nötig. Und daher hat die Natur, die Evolution, dafür gesorgt, dass da ein Verlangen ist, dass Durst auftritt, damit das tierische Lebewesen Wasser trinkt, dass Hunger auftritt, damit das Tier isst, und dass sexuelles Verlangen auftritt, damit sich das Tier paart.

Das Problem ist nur, dass wir das überhöhen. Wir trinken nicht nur Wasser, um unseren Durst zu stillen, wir essen nicht nur Obst und Körner, um unseren Hunger zu stillen. Wir suchen vielmehr nach erlesenen Getränken und raffinierten Speisen. Und die Vielfalt, die uns der Markt zur Verfügung stellt, ebenso wie die raffinierte Werbung machen uns vor, dass wir besondere Geschmackserlebnisse brauchen. So wird aus Verlangen Gier.

Und das gleiche gilt auch im sexuellen Bereich. Wir paaren uns in aller Regel nicht, um uns zu vermehren, wir suchen auch hier besondere Erlebnisse. Dem dient auch all das, von dem wir glauben, dass es uns attraktiver macht: modische Kleidung, tolle Frisuren, Tattoos, Piercings, Kosmetik – all das dient dazu attraktiver zu erscheinen. Nicht notwendigerweise nur sexuell attraktiver, wir glauben auch durch unsere Kleidung, durch unser Outfit, Anerkennung zu bekommen. Dabei machen wir genau das, was der Hahn macht, wenn er kräht: er macht auf sich aufmerksam, er will im Mittelpunkt stehen, er will ganz oben auf dem Misthaufen stehen, wenn er seine Wichtigkeit heraus kräht, genauso wie wir vielleicht an unserer beruflichen Karriere basteln.

Der Hahn scharrt in der Erde, sucht nach Insekten, die er teilweise frisst, teilweise den Hennen anbietet, um von diesen Anerkennung und/oder sexuelle Dienstleistungen zu bekommen. Und solltest du eine Frau sein, dann bilde dir nicht ein, der Hahn würde nicht auch in dir stecken. Es soll durchaus auch Frauen geben, die zum Frisör gehen, Kosmetik verwenden oder Karriere machen möchten. Nein: du bist der Hahn, egal ob du Mann oder Frau bist!

Du bist aber auch die Schlange! Bisweilen bist du kriecherisch, du schlängelst dich irgendwie durchs Leben. Und mitunter hast du eine gespaltene Zunge: redest mit Kollegen über den Chef oder die Vorgesetzte und mit dem Chef über Kolleginnen – und sagst an dieser Stelle nicht genau das, was du an der anderen Stelle sagst. Und außerdem hast du einen Giftzahn. Wenn dich etwas ärgert, wirst du mitunter ganz giftig, dann giftest du andere an. Manche unter uns sind sogar Würgeschlangen: sie umgarnen jemand und drehen ihm dann die Luft ab. Die Schlange steht in diesem Bild für Hass. Dies muss nicht blinder Hass sein, es kann auch einfach Abneigung sein.

Ja, du bist bestimmt von Verlangen und Abneigung, insofern bist du der Hahn und die Schlange. Aber bist du auch ein Schwein?

Das „Schwein" gilt allgemein als unrein. Der Grund, warum es hier für Verblendung steht, ist, weil sich die Leute früher fragten, warum sich ein Schwein, obwohl es nette Wiesen gibt, ausgerechnet im größten Dreck herum wälzen muss. Wir wissen heute, dass Schweine das tun, um sich vor Parasiten zu schützen, aber der einfache Landarbeiter, der sich diesen Zauberspiegel vor 1000 Jahren ansah, für den muss das Schwein ein Symbol für Verblendung gewesen sein. Verblendung ist, wenn man etwas von einem Objekt erwartet, was dieses Objekt nicht erfüllen kann.

Wie oft sind wir in einem Laden gewesen und haben einen Impulskauf getätigt. Wir haben etwas gekauft, weil wir eine tolle Erwartung hatten, hinterher waren wir enttäuscht. Wir denken; wenn ich doch das .... nur hätte – und hinterher sind wir enttäuscht, dass das Produkt dies nicht erfüllen kann.

Als Kleinkind denken wir: „Wenn ich erst in der Schule bin..." und kaum sind wir dort, finden wir die Schule ätzend. Der Schüler denkt: „Wenn ich doch erst aus der Schule wäre und einen Beruf hätte", und dann hat er oder sie den ersehnten Beruf und beklagt sich über den Stress. „Wenn ich doch nur eine Freundin/einen Freund hätte" - und dann beginnt der Beziehungsstress. Wir glauben, wenn wir nur das hätten, was wir gerade möchten, dann wären wir glücklich. Sind wir aber nicht. Kaum haben wir das, was wir wollten, steht unser Sinn nach etwas anderem. Weil wir verblendet waren, weil wir von einem Ding, einem Zustand, einem Ort oder einer Person etwas erwarteten, was uns dieses Objekt nicht bieten kann: es kann uns nicht vollständig glücklich machen. Wir haben uns getäuscht. Und wenn man sich getäuscht hat, dann wird man zwangsläufig enttäuscht.

„Wenn ich erst eine eigene Wohnung hätte", so denken wir, und dann beginnt das Problem mit der Ausstattung, der Ärger mit den Nachbarn oder dem Vermieter – und die Mietkosten! „Wenn ich ein eigenes Haus hätte!" und dann? Folgekosten, Verschuldung und Zinsen, Reparaturen und, und, und. Ich behaupte nicht, dass der Beruf, die Wohnung, das Haus, der Computer, der Partner nur Ärger macht. Aber ich behaupte, dass wir nur allzu oft übertriebene Erwartungen in etwas setzen und dadurch enttäuscht werden.

Jeder von uns ist von Verlangen (Gier), Abneigung (Hass) und von falschen Erwartungen/Projektionen (Verblendung) geprägt, das liegt in der Natur unseres Tierseins. Wenn wir uns aber dieser Tatsache bewusst sind, dann können wir erkennen, wenn sich wieder Verlangen, Abneigung und Erwartungen melden. Dies zu erkennen und anzugehen ist der Pfad, den uns der Buddha aufgezeigt hat. Diesen Pfad möchte ich im vorliegenden Buch aufzeigen. Außerdem gibt es zahlreiche Übungen im Buddhismus (aber nicht nur dort), wie wir an uns arbeiten können. Dazu müssen wir aber erst erkennen, wo die Probleme liegen. Ein erster Blick in den Zauberspiegel hat uns zumindest die Kernprobleme, die Wurzelübel, aufgezeigt. Sie sind in der Nabe des ***bhāva cakra*** dargestellt. Es sind der Hahn, die Schlange und das Schwein in uns, es sind Verlangen (Gier), Abneigung (Hass) und irrige Projektionen (Verblendung).

Doch der Zauberspiegel zeigt noch mehr.

Handlungen haben Folgen

Der zweite Kreis des *bhāva cakra,* des Lebensrades, ist in zwei Segmente eingeteilt, ein weißes und ein schwarzes. Im schwarzen Abschnitt finden sich Leute, die hinabstürzen, weil sie auf die schiefe Bahn geraten sind. Dort unten werden sie von Dämonen traktiert (δαίμων = *daimon* ist das griechische Wort für einen Aspekt unseres Geistes, der uns beherrscht). Im weißen Segment befinden sich adrett gekleidete Personen, die edle Handlungen vollführen und dadurch aufsteigen. Die Botschaft dieser Sektion des Lebensrades ist, dass wir die Früchte unserer Taten ernten. Hierbei geht es um *karma*, ein häufig gebrauchter und oft missverstandener Begriff.

Mitunter heißt es: „das ist nun Mal ihr *karma*" und damit meint dann der Sprecher so etwas wie Schicksal. Das hat absolut nichts mit einer buddhistischen Sichtweise zu tun. Hinter solchem Denken steht vielmehr ein semitisches Konzept, das uns aus den *abrahamitischen Religionen* bekannt ist, nämlich das wir nichts gegen Gottes Willen tun könnten. Im Arabischen spricht man von *Kismet,* und das findet seinen Ausdruck in dem oft zitierten Spruch *„Inschallah!"* (so Gott will). Das hat nichts mit indischem oder buddhistischem Denken zu tun!

Man kann den buddhistischen Karmabegriff allerdings auch mit dem hinduistischen „Karma" verwechseln. Im *Hinduismus* bedeutet Karma eine Bürde, die man mit sich trägt, die einen durch Geburt in eine festgelegte Rolle zwingt. Das *Kastensystem* legt jedem *Hindu* auf, welchen Beruf er auszuüben hat, wen er heiraten darf, wie er sich zu kleiden hat usw. Wer gegen diese Regeln verstößt, dem droht gesellschaftlich Ächtung, gegebenenfalls eine empfindliche Strafe und insbesondere eine schlechtere *Wiedergeburt*.

Im Hinduismus ist es traditionell so, dass dich dein Karma gefangenhält. Gegen diese fatalistische Akzeptanz überkommener gesellschaftlicher Normen (incl. Frauendiskriminierung) hat sich der Buddha gewandt. Er sagte: „Entscheidend ist nicht, wo du herkommst, sondern, wo du hingehst." Das bedeutet, dass du durch dein Handeln deine Zukunft bestimmst, in diesem Leben und darüber hinaus.

Die zentrale Lehre des Buddha ist die Lehre vom **bedingten Entstehen**. Alles entsteht in Abhängigkeit von Bedingungen. Als Menschen unterliegen wir zwar – wie Tiere und Pflanzen – dem Reiz-Reaktions-Schema, aber wir haben auch Verstand und einen freien Willen, wir können also absichtlich Handeln. **Karma** bedeutet im Prinzip nichts anderes als „absichtliches Handeln". Dabei ist aber nicht gemeint, dass wenn ich die Absicht habe, ein Glas auf den Tisch zu stellen, und ich es dann dort hinstelle, dass ich mir **karma** gemacht hätte. Absichtliches Handeln ist gewissermaßen eine notwendige Bedingung für **karma**, aber es muss noch eine hinreichende Bedingung hinzukommen, und das ist – so kann man es ausdrücken – dass diese ethisch bewertbar ist.

Karmisch ungeschickt ist eine Handlung, die von Gier, Hass und/oder Verblendung getragen ist. Wenn ich beispielsweise jemandem heimlich 100 € wegnehme, so ist die Ursache wohl Gier, diese Handlung ist karmisch **ungeschickt**. Sie bringt mir zwar kurzfristig 100 €, aber langfristig schlechtes **karma**. Wenn ich zunächst nicht erwischt werde, finde ich, dass das toll gelaufen sei, es entwickelt sich tendenziell eine Gewohnheit, die mich früher oder später in Konflikt mit anderen Menschen bringt. Ursache meines Verhaltens war in diesem Fall Gier, verbunden mit der Verblendung, dass mir das langfristig nicht schaden würde.

Ganz ähnlich ist es, wenn ich jemanden aus Wut anschreie. Auch dies entwickelt oder verstärkt tendenziell eine Gewohnheit, ein Verhaltensmuster, wodurch ich früher oder später in Konflikt mit anderen komme. In diesem Fall war es nicht Gier, sondern Hass in Verbindung mit der Verblendung, so etwas könne langfristig ohne Folgen für mich bleiben.

Das waren zwei Beispiele wie ungeschicktes Handeln zu negativem Erfolg führt. Karmisch ungeschicktes Verhalten wird früher oder später (möglicherweise auch erst in einem späteren Leben) zu *karma vipāka* (Früchten karmischen Handelns).

Umgekehrt ist es, wenn nicht die egoistischen Motive von Gier und Hass unser Handeln bestimmen, sondern das Gegenteil von Gier, Hass und Verblendung zu willentlichen Handlungen führt. Das Gegenteil von Gier ist Großzügigkeit (*dana*), das Gegenteil von Hass ist Liebe (*metta*) und das Gegenteil von Verblendung ist Sicht und Erkenntnis der Dinge, wie sie wirklich sind (***yathābhūta-ñānadassana***).

Wenn ich also 100 € gebe, indem ich vielleicht für ein Hilfsprojekt in der Dritten Welt spende, oder wenn ich jemanden ehrlich lobe, dann ist das karmisch ***geschicktes*** Handeln und es führt später zu entsprechendem ***karma vipāka***.

Dies gilt übrigens nicht nur für individuelles Handeln, sondern auch für kollektives. Unsere weltweit gesellschaftlich organisierte Gier führt zu ***karma vipāka***, der Klimakatastrophe. Gelingt es uns, dieser Gier und der Verblendung, dass dies keine Folgen habe, zu entkommen, und entsprechende gesetzliche Grundlagen zu schaffen, um die Erderwärmung auf 1,5 Grad zu begrenzen, dann wird auch dies zu Ergebnisse führen, die für alle Wesen auf diesem Planeten günstig sind – möglicherweise erst nach unserem physischen Tod in einem späteren Leben.

Im Buddhismus bezieht sich also das *Karma*prinzip auf willentliches ethisches Handeln, wobei sich die Frage nach der buddhistischen Ethik stellt. Es gibt allerdings in der Lehre des Buddha keine starren Vorschriften nach dem Prinzip „Du sollst nicht...", sondern Handlungsempfehlungen für ein ethisch geschicktes Verhalten, also eines, das positive Früchte (*karma vipāka*) trägt. Da ich dies an anderer Stelle[4] ausführlich bearbeitet habe, werde ich hier nur ganz kurz die fünf Prinzipien buddhistischer Ethik erwähnen.

Das erste Prinzip ist das der **Gewaltfreiheit**. Der Buddha empfiehlt, keinerlei – auch keine subtile – Gewalt gegen fühlende Wesen anzuwenden. Das ist auch der Grund, warum praktizierende westliche Buddhisten in der Regel Vegetarier oder Veganer sind. Grundsätzlich gibt es zwei Modi in Beziehung zu anderen Wesen zu treten, das eine ist der Gewaltmodus, das andere der Liebesmodus. Aus diesem Grund ist eine der verbreitetsten Meditationsmethoden die *metta bhāvanā*, die Entfaltung liebender Güte für alle Wesen.

Das zweite ist das Prinzip der **Freigiebigkeit**, das ich oben an den beiden Beispielen, mit 100 € umzugehen, erläutert habe. Wie auch beim Prinzip der Gewaltfreiheit geht es um eine *altruistische*, nicht um eine egoistische Verhaltensweise.

Dann gibt es das Prinzip der **Genügsamkeit**. Da Gier eines der drei Grundübel ist – neben Hass und Verblendung – bemühen sich praktizierende Buddhist*innen um Schlichtheit und Genügsamkeit. Dies bedeutet gewissermaßen die Emanzipation von der Verhaltensweise des Hahns, die wir oben betrachteten. Dies gilt selbstverständlich auch – aber nicht nur – auf dem Gebiet der Sexualität.

---

4 Ausführlich in Band 6 „Meditation und buddhistische Ethik" dieser Buchreihe; was man vermeiden soll ist (1) zu verletzen oder zu töten, (2) Nichtgegebenes zu nehmen, (3) sexuelles Fehlverhalten, (4) schädlich zu reden und (5) das Bewusstsein trübende Mittel zu nehmen.

Die vierte ethische Empfehlung bezieht sich auf unsere **Sprache**, diese sollte wahrhaftig, freundlich, unterstützend und Harmonie fördernd sein. Wem das für den Anfang zu viel ist, der kann zunächst mit der Wahrhaftigkeit beginnen. Wenn wir aber im Liebesmodus operieren, ergeben sich auch die anderen Anforderungen an eine ethische Sprache allmählich, Schritt für Schritt, von selbst.

Schließlich geht es um das Prinzip der **Achtsamkeit** und **Wissensklarheit**. Also: sei achtsam bei allem, was du tust und bedenke dabei, dass Handlungen Folgen haben.

Der zweite Ring von innen, in dem Menschen auf weißem Pfad evolvieren oder auf schwarzem herabfallen, ist also der Pfad buddhistischen Ethik, der wir wie selbstverständlich folgen, wenn wir uns von dem inneren Hahn, der inneren Schlange und dem inneren Schwein emanzipieren wollen, wenn wir uns anschicken, Gier, Hass und Verblendung immer mehr zu schwächen und statt dessen Liebe, Großzügigkeit, und Erkenntnis der Dinge, wie sie wirklich sind, zu fördern.

Bild: Götterwelt

Dieses Bildsegment befindet sich im dritten konzentrischen Kreis von innen immer ganz oben. Wir sehen einen oder mehrere Tempel, und Götter, die Zeichen der Verehrung vollziehen. Im Zentrum ist eine Figur, die ein Instrument, eine Art Laute, spielt. Vor dieser Figur sehen wir am Boden eine Flamme, die Flamme der Transformation (*Evolution*). Ganz rechts, an der Grenze zum Nachbarreich, spielt sich eine Art Kampfszene ab, dort sehen wir Kämpfer mit Schwertern, einer zielt mit einem Speer auf etwas oder jemanden, einer der Kämpfer sitzt auf einem Kampfelefanten.

Die sechs Geistesverfassungen

Die Götterwelt

Die Welt der *devas*, der Wesen, die mit den Engeln der *abrahamitischen Religionen* vergleichbar sind, wird immer ganz oben in diesem Kreis der sechs Welten dargestellt, was darauf hinweist, dass diese Welt als die beste, die hochentwickeltste gilt. In der Götterwelt ist der Leidensdruck am geringsten. Wir können, wenn wir wollen, diese Sphäre als eine transzendente Welt, in welcher engelsgleiche Wesen wohnen, verstehen. Doch auch diese *devas* sind keineswegs vollkommen, im Buddhismus gelten nur *Arahats* und der Buddha als vollkommen. *Arahats* haben, wie der Buddha, **Nirwana** erreicht, allerdings haben sie die Lehre nicht neu entdeckt, sondern den vom Buddha entdeckten Dharma praktiziert und sich so vervollkommnet. Da der Dharma allerdings die absolut unverblendete Lehre ist, kann diese auch jederzeit wiederentdeckt werden, sollte der Dharma wieder in Vergessenheit geraten sein.

Da die *devas* nicht vollkommen sind, unterliegen sie dem Rad der Geburten, werden also wiedergeboren, auch wenn es heißt, dass die Götter sehr lange leben, ihre Lebenserwartung soll laut Buddha 80.000 Jahre betragen. Diese Zahl würde ich jetzt nicht auf die Goldwaage legen. Aber da die Lebenserwartung eines gesunden Menschen zur Zeit Buddhas bei etwa 80 Jahre lag, soll damit ausgedrückt werden: 1000 Mal so lang wie die der Menschen – oder auch nur: sehr, sehr viel länger.

Das gilt natürlich nur, wenn wir diese Welt als von der uns bekannten Welt völlig abgetrennt ansehen. Dies ist jedoch nur eine mögliche Sichtweise, eine andere Sichtweise ist, sich vorzustellen, dass diese sog. Götterwelt etwas ist, das in der uns bekannten Welt existiert. Der Dalai Lama hat einmal gesagt, dass die Australier für ihn so etwas sind wie Wesen in der Götterwelt. Der Wohlstand in Australien ist sehr viel höher als in Tibet, wo er herkommt, und auch als in Nordindien, wo der Dalai Lama im Exil lebt.

Er führt weiter an, dass das Wetter in Australien sehr viel angenehmer sei als in Nepal oder im indischen Himalaya, man könne das ganze Jahr über im Freien schlafen. Es wachsen viele Früchte in der Wildnis, wovon man sich praktisch ohne Arbeit ernähren könne. Man könne auch mit sehr wenig Erwerbsarbeit auskommen und dennoch die verbliebene reichlich bemessene Freizeit mit Schwimmen, Segeln oder Surfen verbringen. Dies muss in der Tat jemandem, der aus Tibet stammt oder der im indischen Kastensystem eingezwängt ist, wie eine Götterwelt vorkommen. Dies ist eine legitime Art, die Götterwelt zu verstehen. Also: du kannst, in Abhängigkeit von deinem *Karma*, in Australien oder einem ähnlich schönen Ort wiedergeboren werden. So weit die Sichtweise, die ich vom Dalai Lama gehört habe.

Mein eigener Lehrer, **Sangharakshita**, interpretiert die Götterwelt etwas anders. Er sagt, in tiefer Meditation, wenn wir in den meditativen **Vertiefungszuständen** weilen, befänden wir uns in der Götterwelt, aber auch wenn wir in ähnlich verfeinerten Geisteszuständen sind, bei Kunstschaffenden sei das der Fall, aber auch bei intensivem Kunstgenuss, wenn man in Verbindung mit dem Wahren, dem Schönen, dem Guten ist. Dies ist eine Sichtweise, die diese Welten nicht als abgetrennte Sphären sieht, sondern als Geisteszustände, in denen wir weilen können. Wenn das so ist, dann können wir an einem Tag nacheinander in allen sechs Welten sein, je nachdem, womit wir uns beschäftigen, und was uns im Rahmen des bedingten Entstehens, des Wechselspiels des Leben, eben gerade begegnet.

Meine eigene Erfahrung ist, dass ich in einzelnen Lebensphasen in unterschiedlichen dieser Welten weilte. Die ersten sechs Lebensjahre, meine goldene Kindheit, sehe ich als ein Leben in der Götterwelt an. Die darauf folgenden Phase – mein Vater starb, als ich sieben war, das Geld wurde knapp und meine Mutter verfiel in eine fast zehn Jahre anhaltende Depression – sehe ich als ein Leben in der Hölle an. Und auch in anderen Lebensphasen habe ich vorherrschende Umstände gehabt, die zu diesen sechs Stereotypen passen. Dennoch gab es in jeder dieser vorherrschenden Phasen auch einzelne kleine Episoden, in denen Elemente der anderen Bewusstseinszustände auftauchten.

Insgesamt sehe ich diese Betrachtung in verschiedene Welten als sehr hilfreich an, gleich welche der verschiedenen Interpretation dieser Sphären einem gerade die beste erscheint. Und ich würde keine von diesen Interpretationen als vollkommen abwegig betrachten, ich sehe vielmehr – je mehr ich darüber reflektiere – alle als wertvoll an.

Auf zwei Elemente in der Bildsequenz „Götterwelt" bin ich bislang noch nicht eingegangen. Das eine ist die Kampfszene ganz rechts im Bild, darauf werde ich an dieser Stelle auch nicht eingehen, das werde ich im Zusammenhang mit der Welt der *asuras* machen. Die andere ist der Laute spielende Buddha.

Wie wir sehen werden, erscheint in jeder dieser Welten ein Buddha, und zwar mit einem jeweils anderen Attribut. In der Götterwelt erscheint der Buddha (oder *Bodhisattva*) also mit einer Laute. Der Buddha erscheint dort, um den Wesen in dieser Sphäre zu helfen, und das Attribut, der Gegenstand, den er mit sich führt, steht für die Art der Hilfe, die die Wesen in dieser Welt (oder diesem Geisteszustand) benötigen. In der Götterwelt, die, wie wir gesehen haben, auch für verfeinerte Genüsse, beispielsweise für den Kunstgenuss, steht, erscheint eben ein Laute spielender Buddha. Der Buddha spielt ihnen aber nicht irgendetwas zur Unterhaltung, sondern er spielt das, was ihnen hilft. Der Buddha spielt das Lied vom Tod! Warum das?

Wenn alles so gut läuft, dass wir uns wie in einer Götterwelt fühlen, ist der Leidensdruck gering. Das kann dazu führen, dass wir den **Dharma** nicht praktizieren, dass wir unserer spirituellen Entwicklung keinen großen Wert beimessen, weil sowieso alles gut läuft. Genau darin liegt die Problematik der Götterwelt. Aber wie alles bedingt Entstandene ist auch das Verweilen in der Götterwelt vergänglich. Daher spielt der Buddha das Lied von der Vergänglichkeit: momentan hast du beste Bedingungen zu praktizieren, nutze die Zeit! Zu einer anderen Zeit kannst du vielleicht vor Schmerzen, vor Depression oder weil du ums nackte Überleben kämpfst, nicht praktizieren. Also: nutze die Zeit!

Die Welt der „Titanen" *(asuras)*

In der Götterwelt schien alles so angenehm zu sein, dass der Buddha die *devas* mit dem „Lied vom Tod", von der Vergänglichkeit, ermahnen musste, denn den *devas* gefiel es eigentlich recht gut in ihrem Ambiente. Man kann sagen, dass von den drei Wurzelübeln Gier (Verlangen), Hass (Abneigung) und Verblendung hier vor allem das Verlangen ein Problem war, das Verlangen, dass es so bleiben möge, gepaart mit der Verblendung, es könne dauerhaft so angenehm bleiben.

In der Welt der *asuras* ist Abneigung, ist Hass das vorherrschende Element, es ist die Welt der wütenden Kämpfer. Meist wird *asuras* mit Titanen übersetzt. Titanen klingt mir zu groß, zu mächtig. Auch ein armer Tropf kann ein wütender Kämpfer sein, der sich in seiner Ohnmacht nicht anders zu helfen weiß, als gegen das – oder gegen diejenigen – anzukämpfen, die in seinen Augen daran Schuld sind, dass es ihm so schlecht geht. Aber natürlich ist da auch Gier vorhanden: mir geht es schlecht, anderen geht es gut – das erweckt Neid.

Dieser Neid ist es, der die *asuras* zum Kampf reizt. Im linken Teil des *asura*-Feldes sehen wir einen Baum wachsen, der über die Begrenzung dieses Feldes herauswächst und ins Feld der *devas* hinein, woraus man folgern kann, dass die *devas* die Früchte dieses Baumes genießen können, der auf dem Boden der *asuras* wächst. Diese sind daher sehr wütend und fordern die Götter zum Kampf heraus. Das Ganze erinnert mich etwas an Klassenkampf, traditionell wird dieser Baum jedoch als Wünsche erfüllender Baum gesehen – allerdings wachsen die wunscherfüllenden Früchte nur im Segment der *devas*. Die *asuras* sind darüber so wütend, dass sie versuchen, den Baum zu fällen, weil sie den *devas* die Früchte neiden. Allerdings wird ein gefällter Baum keine Früchte mehr tragen, auch nicht für die *asuras*, diese verfolgen also aus Wut und Neid eine nicht nachhaltige Strategie – und damit kommt auch das Element der Verblendung hinein.

Nun habe ich geschrieben, dass in jeder dieser Sphären ein Buddha (oder *Bodhisattva*) mit einem hilfreichen Attribut erscheint. Auf dem Bild auf Seite 36 ist ein solcher aber nicht zu finden. Dazu muss man wissen, dass jede dieser Abbildungen des *bhāva cakra* von einem anderen Mönch in einem anderen Kloster gefertigt wurde – und das zu einer Zeit, in der die Klöster sehr isoliert waren. Es kommt daher vor, dass in manchen dieser Abbildungen kleine Abweichungen auszumachen sind, dass Elemente fehlen, weil ihnen vom Künstler keine große Bedeutung beigemessen wurden. Wenn wir aber auf dem Bild auf Seite 14 nachsehen, können wir einen solchen Buddha ausmachen, er ist ganz oben in diesem Segment dargestellt und der Buddha trägt ein Attribut – erstaunlicherweise ist es ein Schwert.

Das sieht nun für in der Ikonografie und in der Metaphorik wenig bewanderte Betrachter fast so aus, als wollte der Buddha die *asuras* zum Kampf auffordern. Vielleicht ist das der Grund, warum der Maler des Bildes auf S. 36 das Schwert wegließ. Dieses Schwert ist jedoch das „Schwert der Weisheit". Die Schärfe der Klinge steht für geistige Schärfe, der Buddha fordert also die *asuras* auf, mit dem Geist zu kämpfen. Die *asuras* sollen ihre Strategie ändern, denn zum Ersten ist ihre Vorgehensweise nicht nachhaltig, sie schaden also sich selbst und anderen, zum Zweiten führt Aggression nur zu Gegenwehr, zur Eskalation, was man in dem Bild daran sieht, dass die „Götter" offensichtlich Kämpfer rekrutiert haben, um die *asuras* zurückzuschlagen. Hass wird niemals Hass besiegen, sagt der Buddha, nur durch Liebe könne Hass überwunden werden.

Die Figur des *Mañjuśrī* (Bild Seite 39) ist eine Bodhisattvafigur, die in unserem Meditationsraum in Gelnhausen abgebildet ist. *Mañjuśrī* hält das „flammende Schwert der Transformation". Flammen stehen immer für Transformation und das Schwert steht dabei für Scharfsinn, für geistig-analytische Schärfe. *Mañjuśrī* hält in der Rechten ein Schwert und mit der linken

Hand ein Buch. Mit analytischer Schärfe untersucht er dieses Buch, es ist dabei völlig egal, worum es sich handelt, ob dies der buddhistische Pali-Kanon, die christliche Bibel, der Koran, das Kommunistische Manifest oder was auch immer ist. Er untersucht es, ob es die Wurzelübel bedient oder ob es der Befreiung dient: führt der Inhalt dieses Buches zu Hass oder zu Liebe, führt er zu Gier oder zu Großzügigkeit, führt er zur Verblendung oder zu Sicht und Erkenntnis der Dinge, wie sie wirklich sind? Wenn diese Schrift, zu Gier, zu Hass oder zu Verblendung führt, dann sollte man sie verwerfen. Führt sie aber zu Liebe, zu Großzügigkeit und zu Erkenntnis, wie die Dinge wirklich sind, dann ist diese Schrift hilfreich.

Die Schwertmetapher finden wir übrigens auch bei anderen Religionsstiftern, so sagt Jesus (Mt. 10, 34-36): *„Denkt nicht, ich sei gekommen, um Frieden auf die Erde zu bringen! Ich bin nicht gekommen, um Frieden zu bringen, sondern das Schwert. Denn ich bin gekommen, um den Sohn mit seinem Vater zu entzweien und die Tochter mit ihrer Mutter und die Schwiegertochter mit ihrer Schwiegermutter"*. Auch hier geht es nicht wirklich darum, sich mit Schwertern zu bekämpfen, es geht vielmehr darum, sich von überkommenen Vorstellungen früherer Generationen zu lösen, sich von deren Besitzdenken zu emanzipieren und sich zur eigenen Spiritualität zu bekennen, es geht darum, vom Haus wegzuziehen und Jesus in die Hauslosigkeit zu folgen, um spirituell zu praktizieren.

Auch beim Propheten Mohammed ist das Bild vom „großen *Jihad*" alles andere als kriegerisch. Der große *Jihad* bezeichnet das geistig-spirituelle Bemühen um das richtige religiöse und moralische Verhalten gegenüber Gott und den Mitmenschen.

Und auch der Buddha ermahnte einst einen Soldaten: „Nicht der ist größer, der 1000 Feinde in 1000 Schlachten besiegt, sondern derjenige, der sich selbst besiegt, seine Gier, seinen Hass und seine Verblendung." Wenn der Buddha in dem Bild (Seite 14) mit einem Schwert erscheint, dann um die *asuras* zu ermahnen, sich selbst zu besiegen, die eigene Gier, den eigenen Hass, die eigene Verblendung.

Ich war übrigens gerade frisch zum Buddhismus gekommen, als ich das erste Mal in *Ladakh* das *bhāva cakra* zu Gesicht bekam. Ich sah die sechs Welten und erkannte sofort, dass dies Geistes-verfassungen sind, die ich aus eigenem Erleben kannte – ich erkannte mich in fünf dieser Sphären wieder, nur gegenüber einer hatte ich Unverständnis, gegenüber der Welt der *asuras*, das konnte ich mir damals nicht wirklich als eine in mir mögliche Geistesverfassung erkennen. Und warum? Weil ich in dieser Phase meines Lebens selbst in der *asura*-Welt lebte, ich verdrängte das Offensichtliche, weil ich es wohl nicht wahr-haben wollte. Ich war damals ein wütender Kämpfer, Fraktions-vorsitzender in zwei Regionalparlamenten, Oppositionsführer. Natürlich war ich da ein wütender Kämpfer, war ich da ein *asura*. Aber es dauerte noch über ein Jahr, bis ich dessen Gewahr wurde. Ich bin dann aus beiden Parlamenten, dem Kreistag des Main-Kinzig-Kreises und der Regionalversammlung Südhessen, mitten während der Legislaturperiode durch Rücktritt ausgeschieden – sehr zum Unverständnis meiner

Fraktionskolleg*innen. Ich habe das Schwert des Buddha angenommen. Nicht um äußere Feinde zu bekämpfen, sondern um mich selbst zu besiegen: meine Gier, meinen Hass, meine Verblendung.

Die Hungrigen Geister

In der unteren Hälfte der Darstellung – aber nie ganz unten, dort sind die Höllenbewohner – finden sich die *pretas*, die hungrigen Geister. Man kann das so verstehen, dass das Wesen sind, die in einer Hungerregion leben. Wenn wir jedoch das ***bhāva cakra*** als Geisteszustände sehen, so sind das Leute mit neurotischer Gier. Das ist keiner und keinem von uns fremd. Wir alle haben weit mehr als wir brauchen!

Ich kann mich erinnern wie eine Freundin von mir einen meiner Besucher, ein Ordensmitglied des ***Triratna***-Ordens aus Norwich, fragte, wie viele Schränke mit Kleidung er denn hätte. Er lachte und fragte amüsiert „Wie viele <u>Schränke</u>?" Dann sagte er, er habe drei T-Shirts, drei Pullover, drei Hosen, drei Unterhosen, drei Paar Strümpfe und drei paar Schuhe. Ich möchte diesen Freund explizit ausnehmen von meiner Aussage, dass neurotische Gier keinem von uns fremd ist. Ihm scheint dies – jedenfalls in Bezug auf Kleidung – völlig fremd zu sein.

Hungergeister sind Wesen, die der irrigen Annahme sind, dass Besitz sie glücklich mache. Unsere **kapitalistisch-konsumistische** Gesellschaftsordnung züchtet geradezu Hungergeister heran: die einen gieren nach Konsum, die anderen nach Profit, manche nach beidem. Ursache dieser Gier ist die irrige Annahme, dass uns Besitz glücklicher machen würde. Klar, wenn jemand nur einen Pullover, eine Hose und gar keine Schuhe hat, dann ist es angemessen, dass er versucht, etwas mehr zu bekommen. Aber dies ist in unserer Gesellschaft nicht der Fall. Wir sind – was die Versorgung mit Gütern angeht – überversorgt.

Ich gehe manchmal in die Kaiserpfalz des Kaisers Barbarossa hier in Gelnhausen, dort gibt es kein fließendes Wasser, keine Heizung, keinen Strom, nicht einmal Glas in den Fenstern – beim damals mächtigsten Mann Europas. Das könnte heute keinem Harz-IV-Empfänger mehr zugemutet werden. Und dennoch klagen nicht wenige von uns, dass sie nicht genug hätten. Sie vergleichen sich offensichtlich eher mit jemandem der noch mehr hat als sie selbst – und sind daher unzufrieden.

Einst besuchte König **Ajatasattu** den Buddha. Der König dünkte sich reich und daher glücklich. Der Buddha fragte ihn: „Könntest du eine Woche hier nur sitzen und glücklich sein?" Als der König verneinte, antwortete der Buddha: „Siehst du. Aber ich kann das. Das ist das Ergebnis spiritueller Arbeit." Der König war beschämt. Er hatte, um Macht und Reichtum zu erreichen, den eigenen Vater im Kerker verhungern lassen, und nun konnte er nicht mehr schlafen, fürchtete ebenso hintergangen und entmachtet zu werden. Der Buddha aber, der der Königswürde entsagt hatte, besaß nur drei Roben, eine Bettelschale, ein Rasiermesser, einen Wasserfilter und eine Nähnadel. Der Buddha war *einfach* glücklich.

Auch bei den hungrigen Geistern erscheint ein Buddha, wir sehen ihn auf dem Bild in der Abbildung auf Seite 14. Er bietet den **pretas** Nahrung von einer Art, die für sie zuträglich ist. Das interpretiere ich so, dass man erkennen muss, was einem wirklich zuträglich ist, dass wir die Dinge nicht mehr mit den Augen eines Hungergeistes sehen, sondern dass wir zu einer objektiven Sichtweise der Dinge zurückkehren. Wir müssen erkennen, ob und inwieweit die Objekte uns wirklich Nutzen stiften können. Wir müssen dafür sorgen, dass Verblendung uns nicht zu irrigen Projektionen veranlasst. Wir dürfen von nichts und auch von niemandem etwas erwarten, was dieses Ding oder diese Person nicht zu leisten vermag.

Die Höllenbewohner

König *Ajatasattu* hatte seinen Vater im Kerker verhungern lassen und seine Mutter ebenfalls ins Gefängnis geworfen. Er hatte das aus Gier, aus Machtbesessenheit getan. Er hat karmisch sehr ungeschickt gehandelt, kein Wunder, dass er statt die Königswürde genießen zu können immer wieder Höllenqualen schon in diesem Leben erlitt.

Auf dem Bild auf Seite 43 sehen wir links eine Person, die auf einem Baum gepfählt wurde, darunter Dämonen, die jemanden zersägen, noch weiter unten Menschen in einem Kochtopf, rechts davon einen Kopf, der sich in einem Ofen befindet, darüber Menschen in siedend heißem Wasser, eine Person ganz rechts scheint von einer Würgeschlange zerdrückt zu werden. Über alle dem erscheint eine furchterregende Figur – Yama – der Herr der Hölle. Das alles wirkt nicht sehr buddhistisch, es erinnert an christliche Höllenvorstellungen. Tatsächlich sind diese Bilder aus der indischen Mythologie und dem Hinduismus entlehnt, etwas das im alten Indien den Menschen bekannt war. Diese Vorstellungen gehen letztendlich auf die *Bhagavad Gita* zurück.

Für unsere Zeit genügt es, einfach zu erwähnen, dass wir in Geisteszuständen sein können, in denen wir höllische Qualen erleiden. Ich glaube darunter kann sich jede*r etwas vorstellen.

Und auch hier müssen wir auf die Abbildung auf Seite 14 zurückblättern, um den Buddha zu sehen, der den Gepeinigten in der Hölle erscheint. Dieser Buddha trägt ein Gefäß bei sich, das gefüllt ist mit Ambrosia, mit Göttertrank. Wenn wir uns in derart negativen Geisteszuständen befinden, benötigen wir erst etwas Erleichterung, etwas Entspannung, dies symbolisiert der Göttertrank: eine Dosis Gegengift gegen das höllische Empfinden. In Zeiten höchster psychischer Angespanntheit ist Entspannen oftmals das einzige, was hilft.

Das Tierreich

Die Welt der Tiere erscheint im Lebensrad immer in der unteren Hälfte unterhalb der Mittellinie entweder auf der rechten Seite (wie im Bild oben), oder auf der linken (wie auf Seite 14). Wenn wir uns das Bild ansehen, so erscheint dies Sphäre viel angenehmer und friedlicher als die beiden vorangegangenen.

In der Tierwelt befinden wir uns dann, wenn uns nur sinnliche Gelüste leiten. Wenn wir uns als Menschen in dieser Sphäre befinden, so suchen wir einfach nur Nahrung, Sex und Behaglichkeit. Gelingt uns das, so werden wir ganz handzahm und freundlich. Werden wir aber enttäuscht – denn wir sind dabei von Verblendung geleitet – dann können wir ganz plötzlich zu einem reißenden Wolf werden.

Auch diesmal müssen wir auf Seite 14 zurückblättern, um den Buddha zu sehen, der in der Tierwelt erscheint.

Vielleicht erstaunt es uns, wenn wir sehen, was er den Tieren zeigt: ein Buch! Aber wir erinnern uns: es geht ja nicht um wirkliche Tiere, sondern um uns, wenn wir unseren animalischen Gelüsten folgen. Der Buddha bringt den im Hedonismus Verirrten Bildung, er bringt Kultur. Wenn wir uns bilden, uns mit den Künsten, der Literatur und den Wissenschaften beschäftigen, dann verfeinert sich unser Geist allmählich. Was der Buddha uns anbietet, ist Bildung und Sozialisation. Nicht umsonst gehört zu jeder sinnvollen Entwicklungspolitik, den Analphabetismus zu beseitigen, den Menschen die Buchstaben und das Buch zubringen.

Die Menschenwelt

In der Menschenwelt – in der Welt der wahren Menschen – also dann, wenn wir in keiner der anderen geistigen Verfassungen weilen, finden wir ein recht ausgewogenes Verhältnis vor. Im Bild auf Seite 46 sehen wir unten links ein Paar beim Liebesspiel, rechts eine Mutter mit Baby, in der Bildmitte einen Mann in der Blüte seines Lebens zu Pferde, daneben eine alte und gebeugte Person und rechts davon das Lebensende, dargestellt durch eine Leiche in einem Bündel, das zum Leichenacker getragen wird. Und darüber etwas, das hilfreich für die spirituelle Entwicklung ist: eine Klosterschule, in welcher der Dharma gelehrt wird.

Um den Buddha zu sehen, der auch in der Menschenwelt erscheint, müssen wir wieder ins Bild auf Seite 14 sehen. Der Buddha bringt auch hier das, was angemessen ist: eine Bettelschale und einen Bettelstab, die Insignien des Wandermönchs bzw. der Wandernonne.

Wenn wir wirkliche Menschen sind und nicht gerade als Hungergeist, Tier, *asura* oder Höllenbewohner agieren, dann ist es angemessen, uns spirituell weiterzuentwickeln, um eine noch höhere Stufe als die des Menschen zu erreichen, die nächste Evolutionsstufe: Buddhaschaft. Das ist etwas, das keine Spezies insgesamt erreichen kann, sondern das ist etwas, das jede und jeder nur durch spirituelle Arbeit an sich selbst erreichen kann, durch Beschreiten des Dreifachen Pfades aus Ethik, Meditation und Weisheit.

Wenn wir dem Buddha folgen und den spirituellen Pfad beschreiten, dann begeben wir uns auf einen Weg, der mittelfristig zu Glück und langfristig zur Befreiung aus dem *bhāva cakra*, aus dem Rad des Lebens führt. Zunächst sehen wir uns jedoch noch den äußeren Kreis des Rades des Lebens an, die Kette des bedingten Entstehens. Den Weg zu Glück und Befreiung werde ich hingegen erst im Rahmen der Vortragsreihe zur Evolution (im zweiten Teil dieses Buches) behandeln.

Die Kette des *Bedingten Entstehens* – *paṭiccasamuppāda*

1	*avijjā*	Verblendung
2	*saṅkhāras*	Gestaltungskräfte
3	*viññāna*	Bewusstsein
4	*nama-rūpa*	psychosomatische Einheit
5	*salāyatana*	Gebiet der sechs Sinne
6	*phassa*	Kontakt
7	*vedanā*	Empfindung
8	*tanha*	Verlangen
9	*upādāna*	Ergreifen und Anhaften
10	*bhava*	Werden
11	*jāti*	(Wieder-)Geburt
12	*jara-marana*	Alter und Tod

Das Rad und die Evolution

Blindheit, spirituelle Blindheit, steht am Anfang der Kette bedingten Entstehens, in dem Bild auf S. 48 dargestellt durch eine blinde Person. Blindheit für die Wirklichkeit, Verblendung, entsteht durch irrige Projektionen unseres Geistes. Diese treten gewöhnlich mit Gier auf (wenn ich XY hätte, wäre ich glücklich!) oder auch gepaart mit Hass (wenn der/die/das nicht wäre, dann wäre ich glücklich!).

In Abhängigkeit von Verblendung (*nidāna 1*) entstehen die *saṅkhāras*, die „Gestaltungskräfte" (*nidāna 2*, ein Töpfer, der Gefäße gestaltet), man könnte auch „Tatabsichten" dazu sagen. Diese Kräfte entstehen aufgrund der Verblendung, sie sind „gewissermaßen aus der Vergangenheit kommende Wahrnehmungs- und Aktivitätsmuster, die in unserem Leben jetzt wirken, sich dabei mehr oder weniger stark wandeln und zugleich prägend in die Zukunft hineinwirken" (*Dhammaloka*, a.a.O.). Diese Prägung in der Zukunft kann, wenn wir die Existenz von Wiedergeburt an dieser Stelle zumindest als Arbeitshypothese zulassen, auch unser Verhalten in einem späteren Leben beeinflussen. In diesem Fall würde so etwa wie ein Kernbewusstsein, das aufgrund von Verblendung motiviert ist, etwas zu gestalten, nach dem Tode wiedergeboren werden. Dieses verblendete und dadurch zur Gestaltung motivierte Bewusstsein wird (*nidāna 3*) als Affe in einem Baum dargestellt.

Wenn wir uns einen Affen in einem Baum vorstellen, so ist das kein Anblick eines weisen Wesens. Der Affe springt herum, abgelenkt von diesem und jenem, findet hier eine Blüte, die er in den Mund steckt, ohne wirklich zu versuchen den Geschmack dieser Blüte in allen Nuancen zu ergründen, sondern er springt weiter, abgelenkt vom nächsten Objekt seiner Gier, sei es eine Banane, ein Affenweibchen oder was auch immer.

Stellen wir uns dieses durch Verblendung (*nidāna 1*) und Willen (*nidāna 2*) geprägte **Kernbewusstsein** (*nidāna 3*) als nach dem Tod weiterexistierend vor, dann drängt es danach, wieder einen Körper zu erlangen. Dies geschieht in *nidāna 4*, wo wir ein Boot mit vier Personen sehen. Das Boot stellt dabei die Hülle (den Körper, *rūpa = Form*) des Neugeborenen vor. Das ganze Gebilde, das Boot mit seinen Insassen stellt dabei die **psychosomatische** Ganzheit des Menschen dar, wobei die vier Personen im Boot die psychischen Anteile darstellen (Empfindungen/**vedanā**, Erkennen/**saññā**, Motivation/**cetanā** und Bewusstsein/**viññāna**).

Sehen wir uns dabei die beiden Teilfaktoren „Erkennen" und „Empfinden" an, so wird klar, dass wir dazu Sinne benötigen, genauer sechs Sinne (nach buddhistischer Zählung): den Sehsinn mit dem Auge als Wahrnehmungsorgan, den Hörsinn mit dem Ohr, den Geruchssinn (Nase), den Geschmackssinn (Zunge), den Tastsinn (Haut) und das Denken (Hirn). Dies wird in unserem Rad dargestellt als ein Haus mit einer Tür und fünf Fenstern (*nidāna 5*).

Da wir Sinnesorgane haben, kommen wir mit zu erkennenden Objekten in Kontakt (= **phassa** und zwar in **nidāna 6**). Aufgrund unserer Konditionierung erscheinen uns manche der durch die Sinne erkannten Objekte als angenehm, andere als unangenehm, manche auch einfach als uninteressant. Mit jedem Kontakt (*nidāna 6*), entsteht also eine Empfindung (=*vedanā*, *nidāna 7*), die positiv, negativ oder neutral ist.

Positive Objekte lösen in uns Verlangen (*tanha, nidāna 8*) aus, sie zu besitzen, negative lösen das Verlangen aus, dass sie weg sein mögen.

Wenn da ein Verlangen in uns ist, greifen wir zu (*nidāna* 9) und wollen das Objekt festhalten. Das Zugreifen wird im Bild dargestellt durch die ausgestreckte Hand in Richtung des begehrten Objektes, der Festhaltewunsch ist durch den Korb symbolisiert, der Palibegriff dafür ist **upādāna**.

Hier sind wir an einer ganz ähnlichen Stelle wie in *nidāna 2*, denn das Ergreifen und Festhaltenwollen ist eindeutig eine Gestaltungsabsicht. Und bereits bei *nidāna 2* haben wir festgestellt, dass diese Absichten und Verhaltensmuster, wenn wir den Wiedergeburtsgedanken als Arbeitshypothese akzeptieren, auch über den Tod hinaus wirken. Und daher führt *nidāna 9* dementsprechend zu einem neuen Entstehen, dargestellt in *nidāna 10* (**bhāva** = Werden) aus dem logischerweise eine neue Geburt (**jāti**, *nidāna 11*) entsteht. Alles was geboren wird, was entstanden ist, wird zwangsläufig altern und sterben (**jaramarana**, *nidāna 12*).

Bei dieser bildnerischen Darstellung wird traditionell davon ausgegangen, dass sich dieses **bhava cakra** über drei aufeinanderfolgende Leben erstreckt. Das jetzige Leben findet sich demnach in den **nidānas** vier bis neun. Es wird auch erläutert, woher dieses unser Verhalten kommt, wodurch es bedingt ist, nämlich durch Verhalten in einem früheren Leben (*nidānas 1* und *2*) und wohin dies nach dem Tod führt (*nidānas 11* und *12*), die Schnittstellen zwischen diesen Leben sind dabei die *nidānas* 3 bzw. 10.

Man muss diese Kette aber nicht auf mehrere Leben beziehen, man kann sie auch auf verschiedene – evtl. sehr kurze – Lebensabschnitte beziehen, also auf einzelne Projekte, an denen wir arbeiten. Dann ist das Entstehen eine neue Projektidee, der Tod der Abschluss eines Projektes.

Die *nidāna*-Kette ist eine Beschreibung, wie Projekte ablaufen, unabhängig davon, ob das sehr kurze Projekte (die Idee, den

Schreibtisch aufzuräumen), ob das lange Projekte (Familien-planung) oder ganze Leben sind. Fühle dich eingeladen, anhand der *nidāna*-Kette deine eigenen Projekte zu untersuchen!

Eine recht interessante Darstellung der *nidāna*-Kette aus dem Bereich unseres konsumistischen Wirtschaftssystems hat Jonathan Watts in der Zeitschrift ***BuddhaNetz-Info*** veröffent-licht. Er untersucht diese Kette nacheinander dreimal, in Teil I ganz allgemein-buddhistisch, in Teil II wendet er das dann auf unser Wirtschaftssystem an und schließlich in Teil III wird die Wirkung auf ein Produkt (einen Nike-Sportschuh) und einen speziellen Käufer (einen Ghetto-Jugendlichen) untersucht.[5]

Soweit zum Rad, zur Kette des Bedingten Entstehens. Diese zyklische Sichtweise des Lebens ist allerdings nicht sehr befriedigend. Wir suchen im Leben nach Gewinn, erleiden jedoch auch immer wieder Verlust, wir heischen nach Lob, ernten jedoch allzu oft Tadel, wie sehnen uns nach Anerkennung, nach Ruhm gar, und schrecken vor dessen Kehrseite, vor Schimpf und Schande, zurück, wir suchen nach Freude und nur allzu oft ernten wir Leid.

Im Buddhismus spricht man von den Acht Weltlichen Winden *(attha-loka-dhamma)*, vor dem, was uns in dieser Welt umtreibt:

Gewinn	und	Verlust
Ehre	und	Verachtung
Lob	und	Tadel
Freude	und	Leid

Mal erreichen wir das eine, mal ereilt uns wieder das andere, es ist dies der ewige Lebenskreislauf – und in größeren Abständen

---

5 Diese Analyse des britischen Journalisten Jonathan S. ***Watts***, übersetzt von Elke Heß, findet sich im Internet unter http://www.kommundsieh.de/bni-4-1.htm.

gesehen auch Geburt (Gewinn einer Identität) und Tod (Verlust dieser Identität).

Als der spätere Buddha in die Hauslosigkeit ging, wollte er daraus einen Ausweg finden – und nach langem Suchen, nach einigen Verirrungen, aber dank seines analytisch-scharfen Verstandes und seines achtsamen Betrachtens der Dinge, wie sie sind, und dem Entstehen in Abhängigkeit von Bedingungen fand er heraus, dass es neben diesem zyklischen Rad des Lebens und dem Hin und Her der weltlichen Winde auch Bedingungen gibt, die sich gegenseitig unterstützen, die eine Evolution ermöglichen. Dabei entdeckte der Buddha keineswegs – wie Darwin – die biologische Evolution, sondern die spirituelle. Hierbei geht es darum, den Geist zu entwickeln. Dies ist kein Automatismus, vielmehr muss man die Bedingungen schaffen, damit sich die jeweils nächsthöhere Stufe entfalten kann.

Er legte dies im *upanisā* sutta nieder. Ein *sutta* ist eine Lehrrede, man könnte auch sagen: ein Essay. Das Wort *upanisā* heißt soviel wie „unterstützende Bedingung". Als *Siddhartha*, der spätere Buddha, in die Hauslosigkeit ging, tat er dies im Vertrauen darauf, dass es etwas besseres gäbe, als dieses Rad des Lebens, diese acht weltlichen Winde, die er kannte.

In einem deutschen Märchen, den Bremer Stadtmusikanten, ziehen auch vier Wesen in die Hauslosigkeit, ein Esel, ein Hund, eine Katze und ein Hahn, und sie sagen sich: „Etwas Besseres als den Tod finden wir bestimmt!" Nichts anderes tat der Buddha. Und genau das war der Anfang seines Pfades. Er hätte nicht nach diesem Pfad gesucht, wenn er mit seinem Leben zufrieden gewesen wäre. Nein, er war es nicht. Er hatte gesagt: „Geburt, Krankheit, Alter und Tod sind *dukkha*; vom Lieben getrennt zu sein, mit dem Unlieben vereint zu sein ist *dukkha*." Und so war in ihm die Erkenntnis aufgestiegen: es gibt etwas Besseres. Er vertraute so fest darauf, dass er Wohlstand und Königswürde hinter sich ließ und als hausloser Bettler auf die Straßen Indiens zog. Er hatte ganz festes Vertrauen darauf, dass er dieses Bessere und den Pfad zum Besseren finden würde. Und warum hatte er dieses Vertrauen, warum konnte sich in ihm dieses Vertrauen entwickeln? Nun, er hatte *dukkha* erkannt, und er wollte dies besiegen. Eine unterstützende Bedingung – ein erstes *upanisā* war also *dukkha.* Er forschte weiter und erkannte, welche weiteren *upanisās* es gab. Schließlich hat er im *upanisā sutta* die zyklische Kette des bedingten Entstehens beschrieben, die zwölf *nidānas*, und hat dann eine weitere Kette von zwölf unterstützenden Bedingungen beschrieben, von denen eine jede auf der vorher gehenden aufbaut. Das also ist der Inhalt des *upanisā suttas*, das ich in den folgenden Kapiteln, in der „Vortragsreihe Evolution" beschreibe.

Dabei muss einem klar sein, dass diese Evolution, die spirituelle Evolution, nicht automatisch vorgeht, sondern dass wir sie uns erarbeiten müssen. Wir müssen die jeweils unterstützende Bedingung (das *upanisā*) schaffen, damit die nächste entsteht.

Siddharthas Vertrauen in einen Pfad ist nicht von allein gekommen. Es war die Folge einer jahrelangen Betrachtung des Phänomens *dukkha*. Erst als er diese Phänomen völlig durchdrungen hatte, erst als er die Zwangsläufigkeit der acht weltlichen Winde erkannt hatte, dass jedes Positive angestrebte nur existiert, weil es das Gegenteil mit der gleichen Eintrittswahrscheinlichkeit auch gab, stieg in ihm das Vertrauen auf: „Etwas besseres als den Tod werde ich sicher finden!"

Sehen wir uns also das an, was der Buddha gefunden hat und was mein Lehrer *Sangharakshita* „Die Höhere Evolution" nennt.

Teil 2

Vortragsreihe:
„Die Evolution des Menschen"

Teil 2

Vortragsreihe:
"Die Evolution des Menschen"

Verblendung - avijjā

Vortragsreihe Evolution - Teil 1

Avidyā (sanskrit, auf pali: avijjā) hat eine besondere Bedeutung im Buddhismus. Es ist nicht nur eines der drei Geistesgifte, eines der drei Wurzelübel, die uns daran hindern, Vollkommenheit, Erleuchtung, *Nirwana* zu erreichen, es steht zudem noch im Lebensrad an erster Stelle. Das Lebensrad oder richtiger Rad des Werdens – *bhava cakra* -, vielfach auch bekannt unter der nicht ganz richtigen Bezeichnung „Tibetisches Lebensrad", ist eine altindische Darstellung der buddhistischen Weltsicht. Hier ist in vier konzentrischen Kreisen das angeordnet, was unser Leben beschreibt (vgl. Abbildung auf Seite 14).

Im innersten Kreis fanden wir die drei Geistesgifte, die uns an der Erreichung von Vollkommenheit, Erleuchtung, *Nirwana* hindern, im zweiten Kreisring ist das Wirken von Handlungen, also von *Karma*, dargestellt, im dritten und weitaus größten der vier konzentrischen Kreise werden die sechs grundlegenden geistigen Verfassungen dargestellt, in denen wir uns in Abhängigkeit unseres Handelns, unseres *Karma*, wiederfinden können, und schließlich im Äußersten dieser vier Kreise (vgl. S. 48) wird das Wirken unseres fehlprogrammierten Geistes beschrieben, ein ewiger Kreislauf, ein *circulus vitiosus*, ein Teufelskreis, und das ist auch der Grund, warum für diese Darstellung insgesamt eine kreisförmige Anordnung gewählt wurde.

In den zwölf Abschnitten dieses Kreises wird das sog. Entstehen in Abhängigkeit, *paṭiccasamuppāda*, der *Konditionalnexus*, dargestellt, also die Beschreibung dessen, was in Abhängigkeit von bestimmten Bedingungen entsteht. Und da steht an erster

Stelle *avidya*, spirituelle Unwissenheit, etwas, das wir alle teilen und das uns in diesem Teufelskreis gefangen hält.

Das wäre jetzt eine ziemlich fatalistische Weltsicht, wenn der Buddhismus nicht einen Ausweg böte: den Pfad zur Erleuchtung, der in dieser Darstellung (links) gelb eingezeichnet ist und auch in zwölf Abschnitte gegliedert ist, ein Pfad, der von *samsāra*, vom „ewigen Weltkreislauf", eben dem Lebensrad, weg- und zu Vollkommenheit, Erleuchtung, **Nirwana**, hinführt. Diesen zu gehen streben praktizierende Buddhist*innen an. Um sich dazu zu motivieren, ist es aber äußerst hilfreich, sich zunächst einmal die zyklische Darstellung des Lebensrades zu betrachten. Und darein nehmen wir hier einen kleinen Einblick, eben in dem wir uns *avidya* ansehen, das im Äußersten dieser vier konzentrischen Kreise am Anfang steht.

Ich habe bereits darauf hingewiesen, dass die Ursache dieses gesamten Daseinskreislaufes drei Geistesgifte, die Wurzelübel, sind, diese sind

1. <u>Gier</u> oder Verlangen: würden wir nicht nach so vielen Dingen verlangen, wären wir glücklicher;
2. <u>Hass</u> oder Abneigung: jede Menge Leid entsteht aus Hass - *auf diese beiden Grundübel werde ich hier nicht näher eingehen,*
3. <u>Verblendung</u> oder spirituelle Unwissenheit: letztlich entstehen Gier und Hass aus dieser Verblendung, denn

- würden wir nicht aus Gier so vieles haben wollen, wären wir glücklicher
- würden wir nicht so vieles ablehnen, hassen, wären wir auch glücklicher.

Daher kann man mit Fug und Recht sagen, dass Verblendung, dass spirituelle Unwissenheit, das grundlegende dieser drei Übel ist und deshalb steht es auch am Anfang des „Entstehens in Abhängigkeit", das im äußeren Kreis des Lebensrades dargestellt wird, daher hat es in unserer Darstellung die Nummer 1.

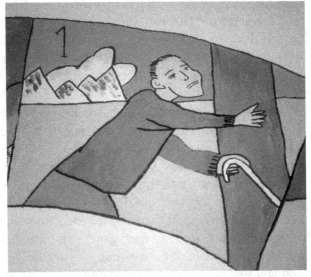

Das Wort *avijjā* in der altindischen Sprache **Pali** oder *avidya* in **Sanskrit** besteht zunächst aus der verneinenden Vorsilbe a- wie in „atypisch, asozial oder asymmetrisch". Die beiden Sprachen Pali und Sanskrit gehören zur indogermanischen Sprachfamilie, daher kommt uns diese Vorsilbe so bekannt vor und daher sind auch viele oder zumindest einige Worte denen aus dem europäischen Kulturraum etymologisch verwandt. Also haben wir zunächst die verneinende Vorsilbe a-, aber was wird hier verneint? Nun, verneint wird *vidya*, da steckt *vid*- drin, wie im lateinischen *videre* oder in unseren Worten Video, Vision, visuell oder visualisieren. *Avidya* heißt also Nichtsehen, Blindheit, spirituelle Blindheit, Verblendung. Und das ist auch der Grund, warum auf der bildnerischen Darstellung traditionell eine blinde Person abgebildet ist, die sich mithilfe eines Stockes den Weg zu ertasten versucht. Spirituelle Blindheit heißt, die Dinge nicht so zu sehen, wie sie wirklich sind, also etwas anzustreben, was uns nicht zuträglich ist, weil wir zwar die positiven Seiten sehen, die negativen aber nicht sehen, nicht sehen wollen, verdrängen.

Was wäre das positive Gegenstück zu *avidya*? Nun es wäre „Sicht und Erkenntnis der Dinge, wie sie wirklich sind". Das ist also das, was der praktizierende Buddhist anstrebt. Er oder sie möchte die Dinge unverblendet sehen, so wie sie wirklich sind, unbeschönigt, unverzerrt, nicht durch die rosarote Brille des Verlangens und auch nicht durch die schwarze Brille blinden Hasses. Wenn man die Dinge so sieht, dann kann man wirklich weise handeln, nicht triebgesteuert. Wenn wir dieses wichtige Etappenziel auf dem Weg zu Vollkommenheit, Erleuchtung, *Nirwana* suchen, dann müssen wir auf dem Pfad des praktizierenden Buddhisten nachschauen, wir finden es erst nach einer ganz langen Wegstrecke, hier auf dem Bild auf S. 58 als dicker Punkt auf dem gelb dargestellten Pfad, dem Pfad der praktizierenden Buddhisten, schon ganz nah am Ziel, an Vollkommenheit, Erleuchtung, *Nirwana*, es heißt: „*yatha-bhutha-ñāna-dassana*", Sicht und Erkenntnis der Dinge, wie sie wirklich sind.

Und damit haben wir schon eine ganze Menge über den Buddhismus erfahren. Wir haben einiges darüber erfahren, warum wir unzufrieden sind, und wir haben erfahren, warum Buddhist*innen Vollkommenheit, Erleuchtung, *Nirwana* anstreben.

Wir sollten uns aber *avidya* noch etwas genauer ansehen, um zu begreifen, was diese Verblendung im einzelnen verursacht, welche wichtigsten falschen Ansichten dabei zum Tragen kommen. Es sind dies im Wesentlichen drei *miccā diṭṭhis*, drei falsche Ansichten.

Die erste falsche Ansicht[6] ist, dass wir uns vormachen, es gäbe etwas, das uns dauerhaft glücklich machen kann.

- Ein fünfjähriges Kind glaubt, wenn es erst einmal zur Schule geht, dann wäre es wirklich glücklich.
- Ein siebzehnjähriger Jugendlicher glaubt, wenn er erst einmal seinen Führerschein und auch noch ein Auto hat, dann wäre er glücklich.
- Wenn wir uns verlieben, glauben wir eine Partnerschaft mit dieser Person würde uns dauerhaft glücklich machen.
- Die Leute freuen sich wie die Schneekönige auf ihren Urlaub – und verklagen hinterher den Reiseveranstalter, weil es anders war, als sie sich es erträumt haben.
- Wie oft haben wir uns schon etwas sehnlichst gewünscht: Partner, Wohnung oder Haus, Arbeitsplatz und hatten insgeheim gehofft, dann wäre alles in Ordnung.

Natürlich wissen wir bei ehrlicher Betrachtung auch schon vorher, dass dann nicht alles in Ordnung ist. Aber dennoch sind wir häufig enttäuscht. Und „ent-täuscht" kann man nur sein, wenn man sich vorher „ge-täuscht" hatte, die Dinge nicht so gesehen hat, wie sie wirklich sind. Wer von euch nach reiflicher Überlegung sagen kann, er sei in den letzten fünf Jahren noch nie auch nur im Geringsten enttäuscht gewesen, der hat diesen Aspekt von Verblendung bereits überwunden. Ich kann es von mir leider nicht behaupten.

Die zweite falsche Ansicht[7] ist, dass wir an Dingen festhalten wollen, dass wir Veränderungen häufig nicht wirklich wollen,

---

6 Diese falsche Ansicht ist das Nichtwissen um **dukkha**

7 Diese falsche Ansicht ist das Nichtakzeptieren von **anicca**

dass wir mit anderen Worten der irrigen Annahme anhängen, es könne so etwas wir Beständigkeit geben. Wir wollen z. B. nicht wahrhaben, nicht in unserem Innersten wirklich akzeptieren, dass wir älter werden, dass sich allmählich körperliche Verfallsprozesse einstellen. Wir wollen nicht akzeptieren, dass unser Partner plötzlich Interesse an anderen Dingen hat - oder an anderen Personen. Wir wollen nicht umlernen, sei es am Arbeitsplatz oder anderswo. „Früher war alles besser" ist eine typische Anwandlung dieser falschen Ansicht.

Und die dritte falsche Ansicht[8] ist die, dass wir uns von unserer Umwelt getrennt sehen. Hier bin ich – da ist die Umwelt, das Umfeld, die Anderen. Schon allein das Wort _Umwelt_ ist ein typisches Beispiel für dieses falsche Denken. Es gibt keine Umwelt, es gibt nur eine Welt, deren Teil ich bin.

Aber wenn ich mich als von der „Umwelt" getrennt ansehe, dann sehe ich mich auch in Widersprüchen mit ihr. Alle Auseinandersetzung zwischen Wesen, häufig zwischen Menschen, alle Streitereien, alle Gerichtsprozesse haben hier ihren Grund. Wir glauben uns von anderen in unseren Rechten verletzt, was voraussetzt, dass ich die Welt in „Ich" und „Andere" einteile. Hier liegt sicher die höchste Hürde bei der Überwindung von Verblendung.

Eine Anmerkung noch zum Schluss. Wie wirkt ein durchschnittlich, verblendeter Mensch auf einen Vollkommenen, auf einen Buddha? Nun, der Buddha hat uns gesagt, wie ein Verblendeter auf ihn wirkt, und auch, wie seine Handlungen auf ihn wirken: Ein Verblendeter, also jeder im Daseinskreislauf, jeder im Rad des Lebens, jeder von uns, wirkt auf einen Erleuchteten wie ein total Betrunkener – und die Handlungen, die er oder sie vollzieht, wie die Taten eines Volltrunkenen.

Na, dann prost!

---

8   Das Nichtwissen von **anatta**

vedanā - Empfindung
oder: der Buddha als Computer-Experte

Vortragsreihe Evolution - Teil 2

Jetzt stelle ich ein weiteres der zwölf *nidānas*, eines der zwölf Kettenglieder des *Bedingten Entstehens* vor, nämlich das siebte, *vedanā*. Die aufmerksame Leserin merkt, wir gehen nicht ganz der Reihenfolge nach vor, sondern so, wie ich es für zweckmäßig halte. Wir erinnern uns, der Kreis der zwölf *nidānas* ist nur ein Ausschnitt aus dem *bhava cakra*, dem Lebensrad, jenem komplexen Bild, das auf Seite 14 abgebildet ist.

Der äußere Kreis dieses Lebensrades ist auf Seite 48 abgedruckt. Wir können daran erlernen, wie wir zu all' den falschen Entscheidungen kommen, die uns im Hamsterrad des Lebens gefangen halten und uns Leid verursachen – und auch, wie wir dem entkommen können. Und um die Chance zu haben, diesem Entrinnen ein klein wenig näher zu kommen, erläutere ich die *vedanā* und werde zum Abschluss auch eine kleine praktische Übung empfehlen, die dabei hilft, einen ersten kleinen, aber entscheidenden Schritt aus dem Hamsterrad des Alltags heraus zu machen, den Schritt vom reaktiven zum kreativen Verhalten.

Zunächst aber erläutere ich den Begriff *vedanā*, der, wie alle anderen Fremdworte, die ich hier verwende, aus der alt-indischen Sprache Pali stammt. Der Grund, dass diese Begriffe hier in *pali* und nicht in deutsch stehen, liegt ganz einfach daran, dass diese Pali-Ausdrücke mitunter keine genaue Entsprechung im Deutschen haben, und dass eine Übersetzung daher nur allzu leicht in die Irre führt.

Die übliche Übersetzung von **vedanā** ist „Gefühle". Aber – Vorsicht! – diese Übersetzung ist geeignet, uns auf eine völlig falsche Fährte zu bringen, denn wenn ich euch auffordere: „Nennt mir Gefühle!", dann würdet ihr sicher solche Begriffe wie Liebe, Abneigung, Trauer oder Heimweh nennen. Das ist aber nicht gemeint. Die richtigere Übersetzung wäre ganz sicher „Empfindung".

Wenn ich euch beispielsweise fragen würde, wie empfindet ihr denn das Bild, das ihr hier seht, und das für **vedanā** steht, dann wäre die Antwort vermutlich so etwas wie „unangenehm, schmerzhaft, leidvoll". Es wäre also eine Bewertung auf einer Skala, die an einem Ende „überaus positiv" und am anderen Ende „extrem negativ" und irgendwo dazwischen „neutral" hätte. Und genau das ist mit **vedanā** gemeint, eine Bewertung auf einer Empfindungsskala. Und es ist sogar noch einfacher: wir müssen gar nicht den Grad der Positivität oder Negativität abschätzen, es langt ganz einfach, dass wir drei Merkmalsausprägungen von *vedanā* erkennen: positiv oder angenehm, negativ oder unangenehm und neutral.

Damit sind wir schon einen wichtigen Schritt weiter: wir wissen jetzt, was die *vedanā* sind. Viel wichtiger ist natürlich, wozu wir eigentlich das Ganze wissen müssen, denn wir wollen schließlich keinen Studienkurs in Altindisch machen, sondern ihr könnt zu recht erwarten, dass das, was ich schreibe, das, was der Buddha gelehrt hat, nur ein einziges wichtiges Ziel hat: Lebenshilfe zu geben. Und um dahin zu kommen, müssen wir uns die Stellung von *vedanā* im *paṭiccasamuppāda*, im Bedingten Entstehen, in dem, was uns dieser Kreis zeigen will, verstehen. Daher werden wir uns kurz die Nachbarglieder von *vedanā* ansehen, nämlich die beiden vorhergehenden und die beiden nachfolgenden, also die Nummern 5 bis 9 unserer *nidānas*. Bild 5 zeigt *saḷāyatana*, das heißt übersetzt die „sechs Grundlagen", eine Übersetzung, die allerdings auch nur mäßig geeignet ist, uns weiter zu helfen.

Wir sehen in dieser Abbildung ein Haus mit fünf Fenstern und einer Tür. Das steht für unsere Sinnesorgane. Wir können uns als Eselsbrücke merken, dass man bei einem Haus zum Fenster heraus sehen kann, also ist „Sehen" die eine Grundlage. Die anderen Fenster stehen dann eben für unsere anderen Sinne: Hören, Schmecken, Riechen und Tasten. Die sechste Grundlage ist etwas anders, deshalb ist eine etwas andere Öffnung als ein Fenster im Haus, nämlich eine Tür. Die sechste Grundlage ist Denken.

Wenn wir unseren Körper mit einem Computer vergleichen, so will uns der Buddha hier sagen, dann haben wir fünf verschiedene Eingabeeinheiten, eben die fünf Sinne und schließlich – ganz entscheidend für jeden Computer – die CPU, die *central processing unit*, die Zentraleinheit, dort wo alle Daten verarbeitet werden, das Denken. Der Buddha hat also unsere sinnliche Wahrnehmung genau so systematisch aufgegliedert, wie wir das aus dem EDV-Unterricht kennen. Eine solch analytische Herangehensweise ist typisch für den Buddha.

Und wenn wir mal gedanklich vom Computer wieder weggehen und uns unseren bescheidenen Meditationserfahrungen zuwenden, so erkennen wir das, was uns alle stören kann, nämlich Sinneseindrücke wie Hören von Geräuschen oder Fühlen von Schmerzen im Bein und – ganz wichtig, für die meisten Menschen ist in der Meditation das entscheidende Hindernis: das Denken. Dauernd kommt uns ein Gedanke, wo wir doch eigentlich den Atem betrachten wollten. Eben deshalb gehört Denken auch zu den sechs Grundlagen.

Soweit zum Bild 5, *salāyatana*, unserem Sinnenapparat. Nun also zum Bild 6, *phassa*, hier dargestellt durch den physischen Kontakt von zwei Menschen, und tatsächlich heißt *phassa* „Kontakt". (Hier habe ich abwechslungsweise an der Übersetzung einmal nichts auszusetzen.) Und ich denke das ist auch inhaltlich klar: wir haben unseren Sinnesorgane, folglich kommen diese mit irgendetwas in Kontakt. Und wenn wir uns das Bild zu dem Kettenglied *phassa* einmal genau ansehen und uns dabei daran erinnern, was ich zuvor über *vedanā* gesagt habe, können wir davon ausgehen, dass das entsprechende *vedanā* bei diesen beiden sich küssenden Leuten die Merkmalsausprägung „angenehm" haben würde.

Und damit können wir feststellen: in Abhängigkeit von *phassa*, von Kontakt, tritt sofort, unweigerlich ein *vedanā* auf. Das geschieht, weil wir eben keine Computer sind, weil wir eine emotionale Seite haben, und das ist auch gut so. Daher folgt jedem Kontakt unweigerlich eine Empfindung, diese kann positiv, negativ oder neutral sein, womit wir wieder bei Bild 7, *vedanā*, angelangt sind. Sehen wir uns nunmehr an, was in Abhängigkeit von *vedanā* geschieht.

In Abhängigkeit von *vedanā* entsteht das, was in *pali tanha* und auf sanskrit *tṛṣṇā* heißt, Verlangen, wörtlich Durst, und konsequenterweise erscheint auf dem nächsten Bild ein Biertrinker. Mit *tanha*, mit Durst, ist hier also eine bestimmte Art von Durst gemeint, nicht etwa die Art, die uns auf einer sommerlichen Wanderung in den Bergen dazu veranlasst unseren Rucksack zu öffnen und die Wasserflasche heraus zu holen, sondern jene Art von Durst, die uns veranlasst, uns nach dem zweiten Bier noch ein drittes zu bestellen: Verlangen, Habenwollen, Gier, Unersättlichkeit. In allen traditionellen Darstellungen sieht man an dieser Stelle immer eine Frau, die einem sitzenden Mann ein Getränk serviert, in der Regel ein Bier.

Die schönste Darstellung dieses Bildes habe ich in unserem Retreatzentrum Padmaloka in Norfolk, U. K., gesehen. Da sitzt an einem heißen Tag ein feister alter Knacker, also ungefähr so ein Typ wie ich, in der Badehose im Strandbad unter einem

Sonnenschirm und eine hübsche junge Frau im Bikini serviert ihm ein kühles Bier. Da kann man sich richtig vorstellen, wie da in mehrfacher Hinsicht Verlangen aufkommt.

Und schließlich noch zu Bild 9: in Abhängigkeit von *tanha* entsteht *upādāna* und das wird mit „Anhaftung" übersetzt. Unser Bild zeigt aber deutlicher als diese Übersetzung, was mit *upādāna* gemeint ist, nämlich zweierlei, einerseits Ergreifen, symbolisiert durch die nach den Früchten ausgestreckte Hand, und andererseits auch das Besitzen-Wollen, das Nicht-Mehr-Loslassen-Wollen, das Festhalten, eben Anhaftung, symbolisiert durch den Korb, in den die Frau diese Früchte legt.

Nun stellt sich die interessante Frage, warum ist das eigentlich alles so. Und auch das hat der große Computertechniker Buddha herausgefunden. In uns läuft nämlich ein ganz bestimmtes Programm ab. Und er hat auch herausgefunden, dass wir falsch programmiert sind, und warum wir falsch programmiert sind. Was hier abläuft ist offensichtlich ein ganz einfaches Reiz-Reaktions-Schema. Durch Kontakt entsteht eine Empfindung, im Falle positiver Empfindung entsteht Verlangen (im Fall negativer Empfindung übrigens Abneigung, Ablehnung oder sogar Hass) und in Abhängigkeit von Verlangen entsteht Ergreifen und Festhalten.

Das ist ein typisches trieb-gesteuertes Verhalten, wie es für eine bestimmte evolutionäre Entwicklungsstufe angemessen ist, die Entwicklungsstufe des Tieres. Tiere funktionieren so, das weiß jeder, der schon einmal Tiere bewusst beobachtet hat. Und das ist auch gut so – auf der Entwicklungsstufe des Tieres, versteht sich, denn es sichert die Erhaltung der Art, das Überleben und damit die Chance, die evolutionäre Entwicklung voranzutreiben. Da der Mensch seinem Wesen nach mit mindestens einem Bein im Tierreich steht, funktioniert das auch bei uns Zweibeinern so. Aber zu einem wahren Menschen wird man erst, wenn man sich von dieser Triebsteuerung emanzipiert hat, wenn man den Schritt vom *homo erectus* zum *homo sapiens* gemacht hat, den Schritt vom Zweibeiner zum weisen Menschen. Hierzu dient die Kultur. Auf der ersten Stufe der Kultur werden Tabus entwickelt. Auf dieser Stufe sind wir alle schon. Wenn uns die hübsche junge Frau im Bikini ein kühles Bier serviert, greifen wir nur zum Bier und tatschen nicht auch die Frau an, das ist tabu.

Das ist ein erster kultureller Schritt, den unsere traditionelle Kultur uns gibt, den nächsten kulturellen Schritt zeigt der Buddha uns auf: bei jedem *vedanā*, bei jeder Empfindung, halte inne, handle nicht triebgesteuert, nicht reaktiv, sondern handle mit Weisheit und Mitgefühl, handle bewusst, handle kreativ. Und wenn man konsequent so handelt, dann hat man begonnen, den Pfad der *Höheren Evolution* zu betreten, den Weg, der uns eine Evolutionsstufe weiterbringt, den Pfad von der Evolutionsstufe des Menschen zu der des Buddha. Und das ist der Grund, warum in unserem Bild zwischen zwei Kettengliedern, zwischen den *nidānas* 7 und 8, eine Lücke ist: das Innehalten, das Nichtreagieren (vgl. Bild S. 100). Und genau hier, an dieser Lücke, beginnt der Pfad der *Höheren Evolution*, der in diesem Bild gelb dargestellt ist. Wir müssen uns nicht unablässig weiter im Hamsterrad von *samsāra*, im Hamsterrad der instinktgesteuerten Wesen drehen, wir können aussteigen, wir können den Pfad der Höheren Evolution gehen!

Der Buddha war ein Mensch, so wie wir Menschen sind. Was der Buddha überwunden hat, das können auch wir überwinden. Was der Buddha erreicht hat, das können auch wir erreichen: Vollkommenheit, Erleuchtung, *Nirwana*, Buddhaschaft. Und genau das ist es, was ich hier anbiete: probier es aus, geh mal probeweise ein Stück des Weges. Du musst dich deshalb nicht gleich Buddhist oder Buddhistin nennen. Du kannst bleiben, was du willst, Christ, Moslem, Jude, Atheist, Kommunist, völlig egal – aber, wenn du Lust hast, probier ein Stückchen des Pfades aus.

Der Weg führt übrigens von der hier angegebenen Nummer 13, *dukkha*, Leiden oder Unvollkommenheit, zu Nummer 24, und die liegt bereits im Bereich der Buddhaschaft, dann könntest du dort bei Punkt 24 zwischen den anderen Buddhas aller Hautfarben Platz nehmen (vgl. Bild S. 54).

Und nun komme ich zu der Übung, die ich euch versprochen habe. Die vielleicht bekannteste Lehrrede des Buddha aus dem Pali-Kanon, der Sammlung der klassischen buddhistischen Schriften, ist das *Satipatthāna-Sutta*, zu deutsch die Lehrrede von den Grundlagen der Achtsamkeit. Es werden hierin insgesamt vier Grundlagen der Achtsamkeit, deren Übung zur Vollkommenheit, zur Buddhaschaft, führt, erläutert. Es sind – nach der traditionellen Übersetzung – die Achtsamkeit auf den Körper, auf die Gefühle, auf den Geist und auf die Geistobjekte.

Eine Übung aus der ersten Gruppe der *kāyanupassana*, der Betrachtung des Körpers, kennen bereits alle, die meine Veranstaltungen hier in Gelnhausen besuchen, es sind die *Vergegenwärtigungen des Atems*. Ich möchte euch jetzt eine Übung aus der zweiten Gruppe der sog. „Betrachtung der Gefühle", auf *pali*: der Betrachtung der *vedanā*, die *vedanupassana*, vorstellen, und euch anheim stellen, sie zu üben. Dazu müsst ihr euch auch nicht die Beine verknoten. Macht einen Spaziergang, haltet dabei eure Sinnesorgane - die *salāyatana* - offen. Ihr kommt unweigerlich zu *phassa*, zu Sinneneindrücken. Das können Sinneneindrücke des Sehens, des Hörens, des Tastsinnes, des Riechens, des Schmeckens oder des Denkens sein. Und nun betrachtet die *vedanā*, die dabei aufkommen. Also:

- bellender Köter – unangenehm,
- blühende Blume – angenehm,
- junge Person – angenehm,
- parkendes Auto – neutral.

Betrachtet nur die *vedanā*, versucht nicht mit Abneigung oder Verlangen zu reagieren, betrachtet einfach analytisch die *vedanā*. Wenn wir das sehr häufig auf Spaziergängen geübt haben, entwickelt sich ein gewohnheitsmäßiges Muster, der eigenen *vedanā* Gewahr zu sein, und eben das ist die Grundvoraussetzung dafür, bewusst nicht reaktiv, sondern kreativ zu handeln, also die Weggabelung überhaupt wahrzunehmen, wo der Pfad zur Vollkommenheit, zur Buddhaschaft, von der Autobahn des *samsāra*, des Hamsterrads, abzweigt, wo der Pfad der Höheren Evolution beginnt. Und das gibt euch die Freiheit zu entscheiden, welchen Weg ihr einschlagen wollt. Denn - wie hat der Buddha so schön gesagt:

"Wie der ganze weite Ozean nur einen einzigen Geschmack hat, den Geschmack des Salzes, so hat auch meine Lehre nur einen einzigen Geschmack, den Geschmack von Freiheit."

Das **Triratna**-Logo ist ein weiteres Bild auf den Wänden unseres Meditationsraumes. Es steht für die Buddhistische Organisation, der ich angehöre. Der Gründer dieser Bewegung, **Sangharakshita**, hat den Begriff „**Höhere Evolution**" geprägt, der das bezeichnet, was der Buddha im **upanisā sutta** dargelegt hat.

Triratna heißt „Drei Juwelen" und bezeichnet das, wozu sich alle BuddhistInnen bekennen: zum **Buddha**, der den Pfad zur Erleuchtung, zur Befreiung, entdeckt und im **upanisā** sutta beschrieben hat, zum **Dharma**, den Lehren des Buddha, wie dieses Ziel zu erreichen ist, und zum **Sangha**, der Gemeinschaft der erfolgreich Praktizierenden.

letztlich nicht völlig zufriedenstellend:
dukkha

Vortragsreihe Evolution - Teil 3

Nunmehr betrachten wir einen Begriff, der zu den wichtigsten und leider auch am meisten missverstandenen Begriffen des Buddhismus zählt. Dabei teilt er sich die Spitzenstellung sowohl in der Reihe der wichtigen Begriffe wie auch in der der missverstandenen mit dem Begriff *Nirwana*, über den auch die absurdesten Ideen kursieren, wie z. B. dass die Buddhisten das "Nichts" erreichen wollen. Doch zum Begriff des *Nirwana* werde ich mich ein anderes Mal äußern.

Ihr habt schon an den vergangenen Kapiteln bemerkt, dass ich die Wände dieses Meditationsraums als Tafel verwende. Das ist kein Wunder, denn ich unterrichte jetzt an verschiedenen Schulen seit über 40 Jahren, darunter seit 1977 hier in Gelnhausen, und so ein oller Lehrer kann eben nicht über seinen Schatten springen. Vielleicht habt ihr inzwischen schon einmal nachgeschaut, wo sich der Begriff *dukkha* befindet. Er ist hier an der Wand euch gegenüber mit Nummer 13 versehen, und wenn wir diese Nummer suchen − es ist ein bisschen wie bei einem Adventskalender − dann finden wir sie hier unten (Bild S. 58) am Beginn des (gelb dargestellten) Pfades zur Erleuchtung.

Der große Kreis mit den zwölf Bildern stellt *samsāra* dar, die Welt, in der wir uns alle tagaus, tagein wie in einem Hamsterrad im Kreise drehen. *Dukkha* ist also der erste Schritt auf dem Pfad zur Erleuchtung, was ja nichts anderes bedeutet, als dass wir, wenn wir wirklich begriffen haben, was *dukkha* ist, den ersten Schritt aus dem Bereich gewöhnlichen Denkens heraus und auf den Pfad zur Erleuchtung gemacht haben. Also passt gut auf, ihr habt nunmehr die Chance, den Weg zur Vollkommenheit, zur Erleuchtung, zur Buddhaschaft, zu **Nirwana** zu beginnen. Das ist jetzt natürlich ein bisschen dick aufgetragen, denn wenn ihr heute Abend euren Lieben daheim berichtet: „Ich bin jetzt auf dem Weg zur Erleuchtung, einen von zwölf Schritten habe ich schon geschafft; also 8,5 % des Weges!", dann klingt das zwar recht eindrucksvoll, aber ihr lügt euch damit natürlich etwas in die Tasche.

Was wir heute erreichen können, ist nichts anderes als ein intellektuelles Verständnis von *dukkha*. Worauf es aber ankommt ist ein spirituelles Verständnis. Und das haben wir erst dann, wenn die Lehre von *dukkha* nicht nur in unserem Kopf, in unserem Hirn, in unserem Bewusstsein angekommen ist, sondern auch in unserem Herzen, in unserem Fühlen, wenn wir sie so voll und ganz verstanden und internalisiert haben, dass sie uns gewissermaßen in Fleisch und Blut übergegangen ist. Und das fürchte ich, werden wir heute nicht schaffen können.

Und nun werde ich abwechslungsweise einmal etwas machen, was man als Lehrer nie machen soll, ich werde nämlich mit der falschen Übersetzung, die sich leider, leider eingebürgert hat und die zum schlechten Image des Buddhismus als einer pessimistischen Lehre entscheidend beigetragen hat, beginnen. Diese falsche oder einseitige Übersetzung ist „Leiden".

Ja, es ist richtig, *dukkha* kann man auch mit Leiden übersetzen, aber doch nicht nur. Das ist ungefähr so als würde man das englische *body*, das ja auch Leiche heißen kann, immer mit Leiche übersetzen. Also: *„Everybody was here"* hieße dann: Jede Leiche war anwesend. Das ist augenscheinlich Quatsch. Und *body* steht ja auch für ein bestimmtes Stück Damenunterbekleidung, also: *„she wore a body under her skirt"* heißt dann: Unter ihrem Kleid versteckte sie eine Leiche. Und ungefähr genau so unsinnig ist es, wenn wir *dukkha* immer mit Leiden übersetzen. Manche Etymologen, also solche Leute, die die Herkunft von Worten erforschen, sagen uns, das Wort sei zusammen gesetzt aus du- und –kha, was logisch klingt, aber wie so oft in der Wissenschaft nicht unumstritten ist. Auf jeden Fall geht diese Erklärung von ihrem Sinngehalt her in die richtige Richtung.

Die Vorsilbe *du-* heißt soviel wie unrund, nicht ganz richtig, suboptimal. Und *–kha* soll eine Variante von *cakra*, von Rad sein, etymologisch verwandt mit dem deutschen Wort Karren oder auch mit dem englischen *car*, Fahrzeug. Und wenn man die beiden zusammen nimmt, bedeutet das „ein Rad das nicht ganz rund läuft" also vielleicht einen Achter hat, eine Unwucht oder so etwas; ein Fahrzeug dessen Fahreigenschaften suboptimal sind. Und da merken wir schon, dass die beiden Sätze (1) „Mein Auto läuft nicht ganz so, wie es sollte" und (2) „In meiner Garage steht Leiden" nicht völlig deckungsgleich sind.

Also *dukkha* bedeutet „suboptimal", bedeutet „unvollkommen", bedeutet „letztendlich nicht völlig zufriedenstellend" und es kann auch, ja, es kann auch „Leiden" heißen. Und nun hat der Buddha eine These aufgestellt, die als die Erste Edle Wahrheit bekannt ist, und die lautet in ihrer (vom Buddha so nicht gesagten) Kurzvariante: „Alles ist dukkha." Und die haben die ersten Übersetzer buddhistischer Texte im 19. Jahrhundert übersetzt mit: „Alles ist Leiden."

Genau daher kommt es, dass der Buddhismus bei vielen Menschen als ziemlich pessimistische Lehre gilt. Und wenn man sie dann fragt, ob sie einen Buddhisten kennen, fällt ihnen vermutlich nur der Dalai Lama ein. Und spätestens, wenn man diesen immer lächelnden, fröhlichen, Optimismus ausstrahlenden Mann sieht, sollte einem auffallen, dass es einfach nicht stimmen kann, dass der Buddhismus eine durch und durch pessimistische Lehre ist. Der Dalai Lama hat darauf angesprochen übrigens einmal gesagt: *„Wenn der Buddhismus nicht glücklich machen würde, wäre er völlig nutzlos."* So viel also zur angeblich pessimistischen Grundeinstellung des Buddhismus.

Im Übrigen heißt die Kurzvariante der Ersten Edlen Wahrheit in der Formulierung, wie der Buddha sie gebraucht hat: „Alles abhängig Entstandene ist *dukkha*." Es gibt also etwas, was nicht abhängig entstanden ist und daher nicht suboptimal, sondern optimal ist, und das ist **Nirwana**, ein ungeheuer positiver Begriff, zu dem ich aber hier nichts sage. Und wenn wir jetzt in den Satz: „Alles abhängig Entstandene ist **dukkha**" die richtigen Übersetzungen von dukkha einsetzen, dann heißt der Satz: „Alles abhängig Entstandene ist unvollkommen, ist suboptimal, ist letztendlich nicht völlig zufriedenstellend."

Das klingt schon ein ganzes Stück besser. Aber es ist erst einmal eine These, eine Behauptung, die wir untersuchen müssen, um uns zu vergewissern, ob der Buddha Recht hat. Dass ein Teil alles abhängig Entstandenen nicht nur suboptimal, sondern wirklich sogar leidvoll ist, ist klar. Wenn ich die Treppe herunterfalle und mir ein Bein breche, ist das nicht nur suboptimal, sondern definitiv leidvoll. Es ist übrigens etwas abhängig Entstandenes. Es ist nämlich aufgrund vielerlei Bedingungen entstanden, ich möchte nur die alleroffensichtlichsten nennen

- da war eine Treppe,
- es gibt mich, den Horst, sonst wäre da gerade keiner runtergefallen,
- ich bin diese Treppe gegangen, sonst hätte ich nicht herunterfallen können,
- ich bin offensichtlich etwas unachtsam gewesen und
- meine Knochen sind wohl infolge meines Alters etwas spröde und verkalkt, wenn sie so leicht brechen.

Man könnte noch weitere Bedingungen finden, aber wir sollten vielleicht aus diesem Beispiel keine wissenschaftliche Abhandlung machen. Warum ich das Beispiel genannt habe, ist, um zu verdeutlichen, was der Buddha meint, wenn er „abhängig Entstandenes" sagt. Er zielt auf ein Konditionalgeflecht, auf eine Vielzahl von Bedingungen, auf die Notwendigkeit vernetzten Denkens an, wenn man etwas genau untersuchen will.

So, das war jetzt ein Beispiel für etwas offensichtlich Leidvolles. Nun nehme ich etwas offensichtlich Angenehmes: als ich diesen Vortrag ausgearbeitet habe, war es – ich habe extra nachgesehen – draußen vor dem Fenster genau -3 Grad kalt. Ich aber saß bei einer behaglichen Zimmertemperatur von 23 Grad am Schreibtisch. Hätte ich den Vortrag draußen vor dem Fenster auf dem Obermarkt ausgearbeitet, wäre das bei dieser Außentemperatur wirklich leidvoll gewesen. Stellt sich also die Frage: Was soll an einem wohltemperierten Zimmer *dukkha* sein? Was soll daran suboptimal, was unvollkommen, was letztlich nicht völlig zufriedenstellend sein?

Nun, mir fallen auf Anhieb zwei Dinge ein. Erstens, aufgrund zweier Faktoren, nämlich dem im letzten Jahr gefallenen Euro-Kurs und dem außerdem selbst auf Dollarbasis gestiegenen Heizölpreis, werde ich eine saftige Heizkostennachzahlung bekommen. Das macht nun mein wohltemperiertes Zimmer zwar nicht wirklich leidvoll, aber diese Tatsache ist für mich suboptimal, letztendlich nicht völlig zufriedenstellend. Und selbst wenn der Euro-Kurs sich anders entwickelt hätte und der Ölpreis gesunken wäre, bliebe dennoch die Tatsache, dass ich für die Annehmlichkeit des wohltemperierten Zimmers Geld aufwenden muss, und immer wenn wir etwas bezahlen müssen, hat das ein Element von Suboptimalität, ist das letztendlich nicht völlig zufriedenstellend.

Wobei ich bei der bisherigen Analyse nur von den Auswirkungen auf mich ausgegangen bin. Zum vernetzten

Denken, zu dem uns der Buddha anhalten will, gehört natürlich auch die Auswirkungen auf andere Menschen und auf die Natur. Da können wir erst einmal feststellen, dass die Ölreserven endlich sind und dass ich durch mein Drehen am Thermostat meiner Heizung zur Verknappung eines äußerst wertvollen Gutes, auf das die ganze Kunststoffindustrie als Rohstoff angewiesen ist, beigetragen habe, dass ich also etwas weggenommen habe, das andere noch brauchen könnten, und das ist letztendlich nicht völlig zufriedenstellend.

Diese Betrachtung ging von der Inputseite aus, ich kann die gleiche Handlung, mein Aufdrehen des Thermostatventils, um die behagliche Temperatur zu erreichen, aber auch von der Outputseite her betrachten. Ich habe zur Erhöhung des Kohlendioxid-Ausstoßes beigetragen und damit zu dem, was unter dem Stichwort Klimakatastrophe bekannt ist und noch vielen Menschen, Tieren und Pflanzen zum Verhängnis werden wird. Mein behaglich warmes Zimmer hat also zwar eine positive Auswirkung auf meine Behaglichkeit aber auch mehrere negative Konsequenzen, teilweise solche, die auf mich selbst einwirken, teilweise solche, die Dritten schaden. Und damit ist mein behaglich warmes Zimmer suboptimal, letztlich nicht völlig zufriedenstellend.

Bleibt noch zu überlegen, ob es nicht doch etwas völlig Zufriedenstellendes im Bereich des abhängig Entstandenen gibt. Nehmen wir zum Beispiel romantische Liebe, und wir nehmen dabei nicht an, dass wir die Geliebte oder den Geliebten jemandem anderem weggeschnappt haben, also wir haben damit niemandem geschadet, und selbst ob es andere gibt, die ob unserer Verliebtheit eifersüchtig werden und für die unsere eigene Verliebtheit damit unangenehm ist, lasse ich einmal außen vor. Ich gehe davon aus, dass wir uns alle schon einmal verliebt haben. Gibt es jemanden, der sich verliebt hat und in dieser Beziehung war dauerhaft dann alles optimal, nichts Suboptimales drin? Ich glaube nicht. Aber betrachten wir diese

Sache doch einmal unabhängig von unserer eigenen empirischen Erfahrung. Warum ist das so? Ein wichtiger Grund liegt in der Vergänglichkeit. Was entstanden ist, muss auch wieder vergehen, das ist ein Naturgesetz.

Wenn wir das Entstandene als positiv empfinden, dann wird das Vergehen des Positiven als negativ empfunden. Übrigens: auch wann das abhängig Entstandene vergeht, hat der Buddha in seiner Lehre vom Konditionalnexus, vom Entstehen in Abhängigkeit, von *paṭiccasamuppāda* beschrieben, nämlich wenn die Bedingungen, unter denen es entstanden ist, nicht mehr gegeben sind. Das ist aber ein Thema, zu dem ich mich ein anderes Mal ausführlich äußern werde.

Um noch einmal auf das Beispiel der romantischen Liebe zurückzukommen: man könnte einwenden, dass zwar die Verliebtheit vergeht, aber die Liebe durchaus weiter bestehen kann. Das klingt erst einmal völlig plausibel. Dann müssten wir aber untersuchen, ob die Liebe wirklich dauerhaft, also endlos, *in saecular saeculorum*, wie die Kollegen von der christlichen Fakultät sagen, weiterexistiert. Dagegen ist zum Ersten einzuwenden, dass auch in einer dauerhaften Liebe nicht alles optimal ist, dass es auch hier Verstimmungen gibt, daher gilt auch hier, dass diese nicht völlig zufriedenstellend ist. Und damit haben wir die erste Einschränkung im Terminus „letztendlich nicht völlig zufriedenstellend" abgearbeitet, nämlich den Begriff „völlig", bleibt noch die andere, „letztendlich".

Alles Entstandene, haben wir festgestellt, muss auch vergehen. Und selbst wenn der im christlichen Sakrament der Ehe ausgedrückte Wunsch: „bis dass der Tod euch scheide" in Erfüllung geht, so wird spätestens dann, spätestens beim Tod des über alles geliebten Partners, Schmerz über den Verlust eintreten. Sicher kann – und wird hoffentlich – in diesem Fall auch Dankbarkeit da sein, diesen herrlichen Menschen an der Seite gehabt zu haben, aber schmerzlich ist diese Trennung dennoch. Ich möchte es euch überlassen, weitere Beispiel geistig durchzuspielen, ob ihr des Buddhas Aussage nicht doch falsifizieren könnt. Das ist in der Tat eine ausgezeichnete Übung. Je länger man so kontempliert, je länger man alle Implikationen, selbst die subtilsten, durchspielt, um so klarer wird einem die Richtigkeit der Ersten Edlen Wahrheit, daher möchte ich dazu ermuntern, darüber zu kontemplieren.

Ich habe hier übrigens schon mehrfach den Begriff „Erste Edle Wahrheit" verwendet, woraus man schließen kann, dass es noch mindestens eine weitere Edle Wahrheit gibt. Und ich kann euch sagen, es gibt sogar insgesamt vier davon, und ich werde sie euch alle hier noch vorstellen (und das völlig ohne Aufpreis!). Alle Vier Edlen Wahrheiten, der Pali-Ausdruck dafür ist *ariya sacca*, beschäftigen sich nämlich mit *dukkha*. Der Ersten Edlen Wahrheit hatten wir, nachdem wir die Problematik mit der Analyse des Begriffs *dukkha* betrachtet hatten, die deutsche Formulierung gegeben:

(1) Alles abhängig Entstandene ist unvollkommen, ist suboptimal, ist letztendlich nicht völlig zufriedenstellend.

Das war die Edle Wahrheit von *dukkha*. In seiner üblichen, sehr analytischen Art untersucht nun der Buddha, genau wie ein guter Arzt, der auch nicht an Symptomen herum kuriert, sondern die Ursache seiner Diagnose ergründet, bevor er zur Therapie übergeht, was denn die Ursache dieses Leidens ist. Daher ist die Zweite Edle Wahrheit die Edle Wahrheit von der Ursache des *dukkha*, sie lautet:

(2) Die Ursache von *dukkha* besteht in **tanha** und **avijjā**.

Das waren die Themen der letzten beiden Kapitel, daher muss ich hier nicht viel erläutern. Nur kurz zur Erinnerung:

Avijjā bedeutet spirituelle Unwissenheit, bedeutet Verblendung, ist die Tatsache, dass wir die Dinge nicht mit analytischer

Klarheit sehen, sondern alle möglichen Wunsch- oder Angstvorstellungen in sie hinein projizieren. *Avijjā* ist in unserem Schaubild (S. 48) mit der Nummer 1 als blinde Person dargestellt, es ist also der Anfang des ganzen Problems, der Urgrund.

Tanha heißt Durst, Verlangen oder Gier, es ist das, was aufgrund unserer *avijjā*, unserer spirituellen Unwissenheit, unserer Verblendung, des nicht wahrheitsgemäßen Erkennens der Wirklichkeit, entsteht. *Tanha* finden wir in unserer Darstellung an der Wand (S. 48) als Bild Nummer 8.

Wir können aber feststellen, der Grund des Leidens besteht darin, dass wir in alle möglichen Sachen Erwartungen hineinprojizieren, die diese nicht erfüllen können, dass wir diese Dinge (oder Personen) dann haben wollen, und hinterher enttäuscht sind, dass sie das nicht erfüllen können, was wir uns in unserer verblendeten Dummheit von ihnen erwartet haben.

Kommen wir also zur Dritten Edlen Wahrheit. Wir haben den Buddha zuvor mit einem guten Arzt verglichen, der zunächst nach der Ursache einer Krankheit forscht. Und der gute Arzt weiß auch, was er dann zu tun hat: Er muss die Bedingungen beseitigen, die zur Entstehung dieser Krankheit führten, folglich ist die dritte Edle Wahrheit die Edle Wahrheit von der Aufhebung des Leidens, und die ist nur allzu offensichtlich:

> (3) Beseitige die Ursachen von *dukkha*, so beseitigst du *dukkha*.

Und da die Ursachen von *dukkha* eben in *avijjā*, in spiritueller Unwissenheit, Verblendung, Projektionen, und in *tanha*, in Durst, Verlangen, Gier, liegen, muss man diese beseitigen. Jetzt wird man zu Recht einwenden können, das sei leichter gesagt als getan. Damit hat man dann ganz zweifelsohne Recht. Was man aber von einem wirklich guten Arzt auch noch verlangen kann, ist eine Therapie. Und genau diese Therapie gibt der

Buddha in der Vierten Edlen Wahrheit, der Edlen Wahrheit vom Weg zur Aufhebung des *dukkha*:

(4) Der Weg zur Aufhebung des Leidens ist der Edle Achtfältige Pfad.

Was uns erst einmal nicht weiterhilft, wenn wir diesen Edlen Achtfältigen Pfad nicht kennen. Aber natürlich hat der Buddha auch den Edlen Achtfältigen Pfad verkündet. Dieser ist im Buddhismus von entscheidender Bedeutung, denn es sind die acht Übungsfelder, die ein Buddhist oder eine Buddhistin bearbeitet, und die ihn oder sie letztendlich zur Erleuchtung, zu Vollkommenheit, zu Buddhaschaft, zu Nirwana führen. Und da sie von so zentraler Bedeutung sind, habe ich sie hier auch auf die Wand gemalt. Das Symbol für diese Lehre, für den Dharma, ist das **dharma cakra**, das achtspeichige Rad, das sich hinter euch an der Wand befindet, und die acht Übungen - oder besser die Übungsziele - habe ich euch dazu an die Wand geschrieben (vgl. Abbildung auf S. 84).

Jedoch ist hier nicht die Stelle, dieses zu besprechen, das werde ich in einem anderen Kurs machen. Was ich jedoch hier leisten kann, ist die Übersetzung dieser acht Begriffe anzugeben, da ich vermute, dass nicht alle von euch gut genug *pali* sprechen, um die Begriffe an der Wand zu erfassen. Für mehr reicht die Zeit heute wirklich nicht, aber ich werde, wie angedroht, mir die Zeit nehmen jedes dieser Pfadglieder in analytischer Genauigkeit hier so vorzustellen, wie ich es vom Buddha und von meinem Lehrer **Sangharakshita** gelernt habe.

Wie ihr seht, beginnen alle mit dem Begriff **sammā**. Zu diesem Wort ließe sich auch eine Menge sagen, was ich mir heute hier verkneifen will, ich nenne daher nur die Übersetzung, **sammā** heißt „richtig", „recht" oder auch „vollkommen". Und die Übersetzungen der einzelnen Pfadglieder sind:

(1) *sammā*-ditthi	= Rechte Vision
(2) *sammā*-sankappa	= Rechter Entschluss
(3) *sammā*-vaca	= Rechte Rede
(4) *sammā*-kammanta	= Rechtes Handeln
(5) *sammā*-ajiva	= Rechter Lebenserwerb
(6) *sammā*-vayama	= Rechte Bemühung
(7) *sammā*-sati	= Rechte Achtsamkeit
(8) *sammā-samādhi*	= Rechte Meditation

Zu einem dieser Punkte möchte ich dennoch einen Satz sagen, es ist der erste auf der Liste, *sammā-ditthi*, Rechte Vision. Was ich in diesem Kapitel niederschrieb, ist zwar noch alles andere als eine Vollkommene Vision des Pfades und des Zieles, aber doch eine Richtige Vision, eine Rechte Vision. Damit ist ein Anfang gemacht, damit ist ein guter Grundstein gelegt, auf dem man aufbauen kann. Der Pfad ist dargelegt. Gehen muss ihn jede oder jeder selbst, wenn ihr das wollt. Aber Unterstützung auf dem Pfad, diesem Pfad zur Vollkommenheit, zur Erleuchtung, gibt euch gerne die Gemeinschaft der Praktizierenden.

Also: wendet euch im Zweifelsfall an mich oder an andere erfahrene Mitglieder der Gemeinschaft der Praktizierenden.

Das ***dharma-cakra***, das Rad der Lehre, Symbol für den
Edlen Achtfältigen Pfad und damit für den Buddhismus

(Übersetzung der Begriffe auf der vorigen Seite)

Geburt - jāti

Vortragsreihe Evolution - Teil 4

Im Lebensrad kommt in der Darstellung des Bedingten Entstehens (*paṭiccasamuppāda*) Geburt, *jāti*, an elfter Stelle vor.

Es gibt insgesamt drei verschiedene Ansätze, wie man Wiedergeburt im Lebensrad interpretieren kann. Nach der traditionellen Lehrweise werden wir in sechs verschiedenen Bereichen (oder Welten) wiedergeboren, das sind die Menschenwelt die Tierwelt, die Götterwelt, der Bereich der Titanen, die Höllenwelt und der Bereich der hungrigen Geister. Das ist die traditionell in Asien häufigste Interpretation.

Mitunter werden diese sechs Bereiche allerdings auch als Geisteszustände aufgefasst, in die wir in Abhängigkeit von unserem Verhalten geraten. Eine interessante Variante hat Jonathan Watts von der Think Sangha, einem buddhistischen Think-Trust, aufgezeigt, der die Kette der zwölf **nidānas** auf unser Konsumverhalten anwendet. In einem bemerkenswerten Essay hat er zunächst die traditionelle Interpretation dieser zwölf Kettenglieder (**nidānas**) dargelegt, sie danach auf das Konsumverhalten im allgemeinen angewendet und schließlich ein Fallbeispiel durchgespielt, die Kaufentscheidung eines

Ghettojugendlichen für einen Nike-Schuh. Ich werde darauf hier nicht näher eingehen.[9]

Häufig wird auch gesagt, diese zwölf *nidānas* (S. 96) würden einen Ablauf über eine Abfolge von drei Leben beschreiben, dem vorigen, dem derzeitigen und dem nächsten. Viele dieser Darstellungen sind für moderne Menschen schwer zugänglich, ich selbst habe diesen früher distanziert gegenübergestanden. Jedoch durch die Lektüre der Werke Helmuth von Glasenapps und zahlreiche eigene Reflexionen und Meditationen zu den *nidānas* ist dies für mich inzwischen sehr viel klarer geworden, und ich möchte es nicht verabsäumen, diese Erkenntnisse hier weiterzugeben, so gut oder so suboptimal, wie ich es eben vermag.

In dieser Beschreibung werden die ersten beiden *nidānas* dem vergangenen, die *nidānas* 4-9 dem derzeitigen Leben und die letzten beiden dem künftigen Leben zugerechnet. Die *nidānas* 3 und 10 stellen Übergänge zwischen den einzelnen Leben dar. Mit anderen Worten, diese Sichtweise soll erklären, wie es zu unserer Geburt im Geburtenkreislauf kam, alsdann unser derzeitiges Leben betrachten und schließlich erläutern, wieso wir wiedergeboren werden müssen. Sehen wir uns diesen Prozess im Einzelnen an. Als erstes Kettenglied haben wir *avijjā*, Verblendung oder spirituelle Unwissenheit. Darüber habe ich im ersten Kapitel geschrieben. Ich will hier deshalb nur ganz knapp in einem Satz sagen, was unter spiritueller Unwissenheit zu verstehen ist. Es bedeutet,

- dass wir in unserer Verblendung nicht erkennen, dass Gier zu Unzufriedenheit führt,
- dass uns nicht wirklich bewusst ist, dass letztendlich alles veränderlich, prozesshaft, ist und schließlich,
- dass wir uns als getrennt und im Konflikt mit unserer Umwelt sehen.

---

9   nachzulesen unter http://www.kommundsieh.de/bni-4-1.htm

Aufgrund dieser Verblendung kommt es dann zu den *saṅkhāras*, den Willensäußerungen oder Karmaformationen, bildlich dargestellt als ein Töpfer, der willentlich etwas produziert. Der Buddha vergleicht den verblendeten Menschen mit einem Betrunkenen und seine Willensäußerungen, seine Wünsche und Pläne, mit den Handlungen eines Betrunkenen. Weil wir also in diesem Zustand spiritueller Verblendung so töricht handeln, schaffen wir uns ein bestimmtes **Karma**, das zur Wiedergeburt drängt. Man kann auch sagen, dass das gestörte karmische Gleichgewicht zu einem Ausgleich drängt, der nur durch eine Wiedergeburt in einem neuen Leben erfolgen kann, dass es sich also um das Wirken eines karmischen Naturgesetzes handelt. Für die einzelne Person bedeutet das, dass „ein karmischer Werdeprozess in Gang gebracht worden ist, der sich in einer Wiedergeburt äußern muss" (v. Glasenapp).

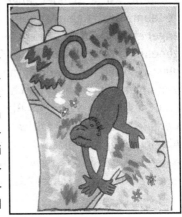

Man kann man es auch so sehen, dass der noch vorhandene Gestaltungswille zu einem **Kernbewusstsein** führt, das zur Wiedergeburt drängt und karmisch belastet ist. Dieses Kernbewusstsein, *viññāna*, wird im dritten *nidāna* als Affe dargestellt. Der Affe steht hierbei für das noch unreife menschliche Kernbewusstsein, das triebhaft und kindisch ist. Und aufgrund dieses triebhaften Werdewunsches kommt es dann zur Herausbildung von **nama-rūpa**, von Körper und Geist im vierten **nidāna**. Dies wird bildlich als ein Boot dargestellt, in dem normalerweise vier Personen sitzen. Das Boot steht dabei für die Form (*rūpa*), die vier Personen für vier geistige Faktoren, von denen eine Person, das Bewusstsein, das Steuer des Bootes in der Hand hält. (Die vollständige Abbildung mit allen 12 **nidānas** findet sich auf S. 100.)

Da wir nunmehr ein psycho-physisches Wesen sind (*nama-rūpa*), haben wir Sinnesorgane und sind in der Lage, Sinneseindrücke gedanklich zu verarbeiten, sodass wir im fünften **nidāna** diese sechs Grundlagen, – die fünf Sinne und das Denken – dargestellt sehen, und zwar als ein Haus mit fünf Fenstern und einer Tür. Da wir über diese sechs Grundlagen verfügen, kommt es zu *phassa* (Sinnenkontakt) mit den Objekten unserer Umwelt. Kontakt ist in Bild sechs dargestellt als Kontakt von zwei Personen verschiedenen Geschlechtes. Sofort nach diesem Sinnenkontakt entsteht bei uns eine Empfindung, ein **vedanā**, auf Bild sieben als ein Mann mit einem Pfeil im Auge dargestellt.

Diese Empfindung, die in uns infolge des Sinnenkontaktes entsteht, ist entweder angenehm, also positiv, oder unangenehm, also negativ, oder auch neutral, dann also weder angenehm noch unangenehm. Ist diese Empfindung unangenehm, dann wollen wir das Objekt weg haben, vernichten. Ist diese Empfindung jedoch angenehm, dann entsteht in uns Verlangen, dargestellt durch einen durstigen Mann, der eine Frau sieht, die ihm ein Bier bringt. Der Begriff für dieses Verlangen ist auf **pali tanha** (sanskrit *tṛṣṇā*), was Durst heißt. In Abhängigkeit von dieser Gier, diesem Verlangen, diesem Durst, entsteht **upādāna**, Zugreifen und Festhalten, dargestellt durch eine Person, die Früchte pflückt und in einem Korb sammelt.

Und da sind wir bei etwas, was wir aus dem vorigen Leben in diesem Lebensrad noch kennen, das Habenwollen. Das ist damals dargestellt durch den Töpfer (Bild 2 auf S. 100), der Krüge zum Aufbewahren herstellt, was zu einem Kernbewusstsein, dem Affen führte. Und ebenso ist es auch in diesem Leben. Dieses Habenwollen, dieses Nichtloslassenwollen, dieses Anhaften, führt zu neuem Werden (*bhava*) dargestellt durch eine Schwangere und in Folge dann zu **jāti**, zu Geburt. Und damit beginnt das nachfolgende Leben und es endet natürlich zwangsläufig durch Altern und Wiedertod, *jara-marana*.

Dieser Gedanke des Anhaftens, dass noch Wille da ist, dass man noch etwas erreichen will, dass man nicht Loslassen kann, ist also die entscheidende Voraussetzung, dass es zu Wiedergeburt kommt. Wir sind nicht bereit unser Leben und alles andere auch loszulassen, da ist außerdem noch unser *Karma* und also werden wir wiedergeboren.

Man könnte nun der Auffassung sein, dass es demnach sehr hilfreich sein müsse, nicht mehr wiedergeboren werden zu wollen. Aber Vorsicht: der Wille zur Nichtwiedergeburt ist auch ein Wille, etwas, das man nicht loslassen will, und der Nicht-Mehr-Werde-Wille ist genauso ein Trieb, ein **āsava**, und damit ist der Nichtseinstrieb genauso hinderlich am Erreichen von **Nirwana** wie der Daseinstrieb (*bhavāsava*). Die richtige Einstellung zur Vermeidung von Wiedergeburt wäre also der mittlere Weg zwischen Daseins- und Nichtseinstrieb, also eine in Bezug auf Wiedergeburt gleichmütige Haltung – und natürlich ein „ausgeglichenes Karmakonto".

Betrachten wir noch einmal genauer das, was da zur Geburt drängt, was da geboren wird, also die beiden Kettenglieder, die durch die Schwangere und die Geburt dargestellt werden, und wenden das auf unsere eigene Erfahrung an.

Drei Ebenen bestimmen unsere gegenwärtige Persönlichkeit, also das, was wir für unser „Ich" halten, das sind

- das genetische Entstehen in Abhängigkeit von genetischen Bedingungen,
- das soziale Entstehen in Abhängigkeit von sozialen Bedingungen und
- das karmische Entstehen in Abhängigkeit von karmischen Bedingungen.

Diese drei Bedingungskomplexe sind es, die unsere jetzige Persönlichkeit bestimmen. Der stabilste der drei Bedingungskomplexe ist der genetische. Unser individuelles Genmaterial ist erbtechnisch bedingt. Dass ich, der Horst, z. B. zu Fettleibigkeit neige, ist erblich bedingt und kommt aus der Richtung meiner Großmutter väterlicherseits. Dass ich zu Allergien neige, ist ebenso genetisch bestimmt und kommt von meiner Großmutter mütterlicherseits. Allerdings ist dieser genetische Bedingungskomplex zwar relativ starr, aber nicht unveränderlich. Ich habe Allergien, z. B. die gegen Acetyl-Salicylsäure (ASS, ein Kopfschmerzmittel, das unter dem Namen Aspirin bekannt ist), unter denen auch meine Großmutter litt. Aber diese Allergie entwickelte sich im Laufe meines Lebens, so reagiere ich inzwischen auch allergisch gegen Ibuprofen (ein anderes Kopfschmerzmittel), und das war vor zwanzig Jahren noch nicht so. Also: auch der genetisch bedingte Komplex entwickelt sich aufgrund von Bedingungen, die mir teilweise unbekannt sind, innerhalb eines Lebens und er entwickelt sich stark beim Übergang von einem Leben zu einem anderen, weil bei der Verschmelzung von Ei und Samenzelle zwei verschiedene Erbmaterialien zusammen kommen.

Dann gibt es da das soziale Entstehen in Abhängigkeit von sozialen Bedingungen. Wie ich mich verhalte, wie ich die Welt erlebe und wie ich handle, ist nicht nur genetisch bedingt, sondern eben auch sozial erlernt. Sozialisationsinstanzen sind dabei das kulturelle Umfeld, geprägt durch so unterschiedliche Dinge wie Kulturraum, geschichtliche Epoche, religiöse oder pseudoreligiöse Werte und Vorstellungen und natürlich durch Personen, wie z. B. unsere Eltern und die anderen Menschen, mit denen wir Umgang pflegen. Auf dieser sozialen Ebene gibt es zwar Grundüberzeugungen oder Grundeinstellungen, diese sind jedoch rascher wandelbar als die genetischen Bedingungen. Hier findet ein Wandel, eine Entwicklung innerhalb eines Lebens statt, aber auch hier ist der Übergang in ein neues Leben ein starker Einschnitt, denn wir geraten höchstwahrscheinlich in ein deutlich verändertes Umfeld.

Die dritte Ebene ist das karmische Entstehen in Abhängigkeit von karmischen Bedingungen. *Karma* bedeutet Handeln, und zwar ethisch bewertbares Handeln. So wie Handeln auf der physikalischen Ebene physische Konsequenzen hat (also beispielsweise, wenn ich etwas loslasse, fällt es nach unten), sowie Handeln auf der chemischen Ebene chemische Folgen hat (z. B. wenn ich molekularen Sauerstoff und molekularen Wasserstoff zusammenbringe, entsteht eine Verpuffung) und so wie Handlungen auf der unteren animalischen Ebene animalische Folgen haben (sieht ein Hund einen anderen, so kommt es zu einer Reaktion), so haben auch karmische Handlungen karmische Folgen. Wenn ich beispielsweise aggressiv gegen jemanden bin, hat dies Folgen, die u. a. auf den Urheber, auf mich selbst, zurückfallen. Dies kann im gleichen Leben geschehen, es geschieht möglicherweise auch erst in einem späteren Leben.

Nun gibt es, wie wir alle wissen, unterschiedliche Einstellungen zum Phänomen „Wiedergeburt". Ich möchte die beiden extremen Ansichten nennen, da gibt einerseits

- die <u>nihilistische</u> Ansicht. Sie geht davon aus, dass eine Person einfach nur durch die biologische Vereinigung von Ei und Samenzelle entsteht. Das Bewusstsein, der Geist, die Psyche entstehen dann irgendwie von ganz allein und mit dem physischen Tod des Körpers verschwinden sie plötzlich auf Nimmerwiedersehen. Das ist eine materialistische Einstellung, die der Buddha zurückweist. Und dann gibt es andererseits

- die eternalistische Vorstellung von einer Entität, einer Seele, die ewig da ist und durch Seelenwanderung weitergegeben wird. Es ist also etwa so als gäbe es einen festen, beständigen Wesenskern, der unsere individuelle Existenz überdauert. Ist der menschliche Körper alt und verbraucht, so stirbt dieser, aber die menschliche Seele geht nun in einen anderen Körper über, sei es einen menschlichen oder evtl. auch einen tierischen. Auch diese Einstellung weist der Buddha ebenso klar und deutlich zurück.

Der Buddha lehrt vielmehr einen mittleren Weg. Dass es zu (Wieder)-Geburt kommt, dazu ist eine Vereinigung aus materiellen und ideellen Kräften nötig. Die materielle Kraft kennen wir alle, die biologische Vereinigung von Samen und Eizelle. Dazu kommt die nichtmaterielle, also substanzlose Übertragung von etwas, das aus dem Wunsch an Anhaften, an Nichtloslassen und noch-nicht-neutralisierten karmischen Kräften besteht. Mitunter (u. a. vom Dalai Lama) wird es als *Gandharva* (eine Art Geistwesen) bezeichnet, mitunter als *Kernbewusstsein* (v. Glasenapp), in unserem Lebensrad wird es interessanterweise durch den Affen (S. 87) dargestellt.

Ich denke, viele Widerstände gegen das buddhistische Vorstellung von Wiedergeburt kommen durch die falsche Vorstellung es gäbe eine Seele und eine Seelenwanderung. Ich fürchte allerdings auch viele Anhänger der Wiedergeburt machen dies auch aus einer falschen Vorstellung bzw. einer falschen Motivation, nämlich dem inneren Wunsch, das Leben nicht loslassen zu wollen (*upādāna*).

Daher ist es bei vielen westlichen Menschen so, dass ihnen anfangs Wiedergeburt sympathisch ist, dass sie den Buddhismus deswegen lieben, wegen dieses *upādāna* einerseits und einer falschen quasi-materialistischen Vorstellung von Wiedergeburt. Danach kommt bei vielen Menschen eine Phase der Entfernung vom Wiedergeburtsgedanken. Das ist gesund, das ist nämlich der Abschied von den falschen, fast möchte ich sagen: infantilen, auf jeden Fall aber unreifen Wiedergeburtsvorstellungen. Je weiter wir jedoch ins Entstehen in Abhängigkeit eindringen, desto klarer wird uns, was Wiedergeburt im Buddhismus bedeutet: es gibt Wiedergeburt, aber niemanden, der wiedergeboren wird. Es ist, wie wenn man eine Kugel mit einer anderen Kugel anstößt: Energie wird weitergegeben, ohne dass eine Identität zwischen der anstoßenden und der angestoßenen Kugel besteht.

Etwas ganz Ähnliches machen wir auch in der Kerzenzeremonie: wir geben das Licht weiter. Durch eine Kerze entzünden wir eine weitere, das Licht wird weitergegeben, die Flamme wird weitergegeben, ohne dass die beiden Kerzen identisch sind. Und wenn wir hier bei Meditation am Obermarkt in der Kerzenzeremonie die Flamme, das Licht, die Energie, weitergeben, bedienen wir uns eines nichtkerzlichen Zwischengliedes, eines Hölzchens. Das ist also so etwas, wie der *Gandharva* oder das *Kernbewusstsein* oder das, was hier als Affe dargestellt wird und als *viññāna* bezeichnet wird. Also das; was zwischen der einen und der anderen Kerze, zwischen dem einen und dem anderen Leben ist.

Wenn wir diese Kerzenzeremonie ausführen, symbolisieren wir diese Weitergabe von Energie, wir symbolisieren diese Art von Wiedergeburt, wir zeigen unser – vielleicht nur rudimentär entwickeltes – aber doch irgendwo vorhandenes Teilverständnis von Entstehen in Abhängigkeit, das sowohl für Vergänglichkeit steht, als auch für Veränderung, für Weiterentwicklung, für die Emanzipation des Menschen, für die

Evolution des Individuums zur nächsten Evolutionsstufe, zur Buddhaschaft. Dies ist ein Weg, den wir gehen, mancher schneller, mancher langsamer, ein Weg nicht ohne Rückschläge. Eine Evolution, die über viele Leben geht, über Leben, die in Abhängigkeit voneinander entstehen.

Stufen der Entwicklung

Die im *upanisā sutta* beschriebenen Stufen auf dem buddhistischen Pfad bis zum Stromeintritt befinden sich in unserem Meditationsraum in Gelnhausen gut sichtbar an der Wand, genau wie die anderen Bilder in diesem Buch. Da es ein Aufstieg ist, beginnt die Liste unten, und da all dies aus der 12-gliedrigen Kette des bedingten Entstehens herausführt mit Nummer 13.

Im letzten Kapitel haben wir uns mit dem ersten Schritt dieser „höheren Evolution", dieser Entwicklung vom gewöhnlichen Menschen zur Buddhaschaft befasst, mit *dukkha*. Das nächste Kapitel erläutert den zweiten Begriff, *saddhā*, und dessen dialektisches Zusammenwirken mit *dukkha*.

20 yathābhutha-ñāna-dassana

19 samādhi

18 sukha

17 passaddhi

16 pīti

15 pāmojja

14 saddhā

13 dukkha

Gläubiges Vertrauen - saddha

Vortragsreihe Evolution - Teil 5

Saddhā (pali) bzw. *sraddha* (sanskrit) wird gewöhnlich mit „gläubiges Vertrauen" übersetzt. Das Wort „Vertrauen" allein würde wohl zu weltlich klingen, das Wort „Glaube" allein wirkt auf uns häufig irrational, wie in dem beliebtem Spruch „Glauben heißt nichts wissen". Und in der Tat hat das Wort „Wissen" im deutschen einen Beiklang von Rationalität, wohingegen „Glauben" zwar nicht unbedingt den Beiklang von Irrationalität hat, was der kontradiktorische Gegensatz zu Rationalität wäre, sondern eher den vom Emotionalität, einem Begriff, der mit Rationalität ein dialektisches Spannungsverhältnis eingeht. Und tatsächlich ist das auch in der altindischen Sicht bereits so.

Es gibt im Buddhismus ein System von *indriyas*, von geistigen Fähigkeiten, von denen einige in einem dialektischen Spannungsfeld stehen, z. B. Tatkraft und meditative Sammlung und eben auch gläubiges Vertrauen, also *saddhā*, und *paññā*, Weisheit. Ganz entscheidend ist dabei, diese im Spannungsfeld miteinander stehenden Fähigkeiten mit einer weiteren Fähigkeit, nämlich der Achtsamkeit (*sati*) auszubalancieren, sodass sie in Ebenmaß entwickelt werden. Das bedeutet, dass wir *saddhā*, gläubiges Vertrauen, entwickeln sollen, aber eben in ausbalancierter Einheit mit dieser anderen Fähigkeit, mit Wissen. Auf diese Art hüten wir uns von dem nahen Feind von gläubigem Vertrauen, das ist blinder Glaube.

Blinder Glaube ist nicht mit Wissen, mit „Sehen, wie die Dinge sind", ausgeglichen und daher wird dieser Glaube „blind" genannt. Blinder Glaube führt zu Fanatismus, führt zu Fundamentalismus, ja er kann sogar zu Religionskriegen führen.

Ich habe eben den Terminus „naher Feind" verwendet. Im Buddhismus versteht man darunter eine Geisteshaltung, mit der der beschriebene Begriff leicht verwechselt werden kann. Der ferne Feind von *metta* ist beispielsweise Hass, die beiden kann man nicht verwechseln, hingegen kann man *metta* eher mit *pema*, einer sentimentalen „klebrigen" Anhänglichkeit, verwechseln. Ist unsere Liebe zu einer anderen Person nicht von *metta*, sondern von *pema* getragen, dann kann eine Zurückweisung häufig in das Gegenteil umschlagen, in Hass. Das ist der Grund, warum die meisten Tötungsdelikte Beziehungstaten sind, eben weil die Beziehung nicht auf *metta* basiert war, sondern auf *pema*.

Doch zurück zu den nahen und fernen Feinden von *saddhā*. Der nahe Feind ist also blinder Glaube, also das, womit *saddhā* fatalerweise verwechselt werden könnte. Der ferne Feind von *saddhā* ist Skeptizismus. Unter Skeptizismus wird hier nicht das kritische Hinterfragen von Glaubensinhalten verstanden. Kritisches Hinterfragen ist in Ordnung, denn eine Frage dient dazu, eine Antwort zu bekommen. Von daher haben wir beim kritischen Hinterfragen genau die Ausgewogenheit von *saddhā* und *paññā*, Wissen, das wünschenswert ist, die beiden Fähigkeiten sind ausgeglichen.

Skeptizismus hingegen ist eine Haltung, die versucht, alles *ad absurdum* zu führen, alles kaputt zu kritisieren. Skeptizismus ist keine schöpferische Tätigkeit, sondern eine destruktive. Wir haben jetzt bereits den nahen Feind von *saddhā* kennen gelernt, blinden Glauben und den fernen Feind, Skeptizismus. Und wir haben den dialektischen Partner, die ergänzende Fähigkeit zu *saddhā* kennen gelernt, *paññā*, Wissen. Wissen ist von Rationalität geprägt und von Verständnis, es ist sogar eine gewisse Voraussetzung für Weisheit. *Saddhā* hingegen ist stärker emotional geprägt, von Vertrauen, von Zuneigung.

Dabei kann sich dieses Vertrauen auf die eigene Person und die eigenen Fähigkeiten beziehen oder auf einen Dritten, auf den Buddha, auf Gott, auf einen Guru oder einen Führer. Das Selbstvertrauen ist in höchster Form bei Prinz Siddharta, dem späteren Buddha, vorhanden gewesen. Es hat alles aufgegeben, Reichtum, Karriere, Besitz, Familie – alles. Alles bis auf sein unerschütterliches Vertrauen, den Weg aus *dukkha*, dem Unvollkommenen, dem Suboptimalen, evtl. sogar dem Leidvollen, mit Sicherheit aber dem spirituell Unbefriedigenden, herauszufinden. Den Begriff *dukkha* habe ich bereits in einem vorigen Kapitel besprochen.

Aber der Buddha war keineswegs der einzige, der Selbstvertrauen hatte. In allen Wesen schlummert das gleiche Potential, wir nennen es die Buddhanatur. Es ist das Potential, das Höchste zu erreichen, die Vollendung, die Vollkommenheit, die Erleuchtung, *Nirwana*. Nach buddhistischer Auffassung ist selbst in einer Eintagsfliege dieses Erleuchtungspotential vorhanden, allerdings hat diese noch einen langen Weg vor sich. Wir nennen diesen Weg Evolution. Als Menschen ist für uns der Weg zur nächsten Evolutionsstufe, zur Buddhaschaft wesentlich kürzer. Aber wir werden diesen Weg nur gehen können, wenn wir ein Mindestmaß an Selbstvertrauen aufbauen, an Zuversicht, an Mut den Pfad zu gehen. Theoretisch kann es jede und jeder von uns völlig allein schaffen, so wie das beim Buddha der Fall war.

Wesentlich leichter als es für den Buddha war, den Pfad zur Vollkommenheit zu finden, ist es jedoch für uns, denn der Pfad ist bereits aufgezeigt, er ist dargelegt, es gibt Beschreibungen des Pfades. Und ich versuche gerade ein Teilstück einer dieser Beschreibungen, die der Buddha vom Pfad zur Erleuchtung gegeben hat, den Pfad der *upanisās*, weiterzugeben. Ich versuche zu erläutern, wie wir vom Zustand von *dukkha* – Punkt 13 auf unserer Liste (vgl. S. 94) im Meditationsraum – zu Punkt 14, zu *saddhā* gelangen. Und das geschieht, indem wir

Vertrauen fassen. Selbstvertrauen, dass wir es schaffen können und Vertrauen darin, dass jemand bereit ist uns dabei zu helfen.

Dieser Jemand ist letztendlich der Buddha, der diesen Pfad entdeckt – oder besser wiederentdeckt – hat, und alle Lehrer, die in dieser Tradition stehend diesen Pfad erläutert haben.[10] Es ist dabei ganz entscheidend, dass wir zu *saddhā* erst kommen können, wenn wir *dukkha* erfahren haben, wenn uns das spirituelle Unbefriedigende in unserem Leben nervt, wenn wir erkannt haben, dass es noch etwas anderes geben muss als Geld, Karriere und vordergründigen Spaß.

Das beginnt, wenn wir uns dafür öffnen, dass es etwas Höheres gibt, etwas spirituell Wesentliches, das Wahre, Schöne, Gute. Dann entfaltet sich die Grundlage, auf der *saddhā* gedeihen kann, dann ist dies die Resonanz unserer eigenen inhärenten Buddhanatur mit Buddhaschaft, mit Vollkommenheit. Als ich Anfang der 90er Jahre in einer spirituellen Krise steckte – ich hatte erkannt, dass mich mein Leben, so wie ich es bis damals anging, in eine Sackgasse geführt hatte – war ich bereit, spirituelle Führung anzunehmen.

Ich habe dann zunächst wieder die Bibel gelesen, allerdings festgestellt, dass sie mir noch immer so fremd war, wie eh' und je. Dann habe ich ein Buch über den Islam studiert und festgestellt, dass diese Religion von mir aus gesehen noch jenseits des Christentums lag. Danach fiel mir zufällig ein Buch mit dem Titel „Die großen nichtchristlichen Religionen" in die Hand. Ich blätterte darin, las hier hinein und dort hinein und stolperte im Abschnitt über Buddhismus über die **Vier Edlen Wahrheiten** und den **Edlen Achtfachen Pfad**. Ich wusste sofort: das ist es, das ist die Lehre von der Wahrheit, das ist der Dharma.

---

10 Daher ist es im Bild aus S. 100 der Buddha, der mit dem Finger auf den Schritt heraus aus dem Lebensrad, auf die Erkenntnis von dukkha (Punkt 13) und den Schritt zu saddhā (Punkt 14) verweist.

Ich hatte an diesem Tag das große Glück, den Schritt aus *dukkha* heraus und zu *saddhā* zu machen. Das funktioniert nicht bei jedem genau mit diesen Aussagen. Bei meinem Lehrer **Sangharakshita**, war es das *Weiße Lotussutra*, das auf ihn genau den gleichen Effekt hatte, wie die Vier Edlen Wahrheiten auf mich. Mir hingegen ist das *Weiße Lotussutra* äußerst fremd. Aber beides sind Arten das Gleiche zu kommunizieren, den Dharma, den Pfad zur Erleuchtung. Und vielleicht wird auch dir durch irgendein Buch oder einen Vortrag oder ein Erlebnis dieser Schritt genauso zugänglich.

Aber der Schritt von **dukkha** zu *saddhā* muss keineswegs so plötzlich geschehen. Meistens ist es eine allmähliche Entwicklung. Aber es ist auf jeden Fall ein wichtiger Schritt auf dem Pfad zur Erleuchtung. Und auch, wenn wir diesen Schritt gemacht haben, sind wir mindestens mit einem Bein noch ganz im **samsāra**, in diesem Lebensrad gefangen. Wir sind noch längst nicht gänzlich befreit vom Handeln im Reiz-Reaktions-Schema, aber dennoch sind wir, während wir einerseits noch im Lebensrad verfangen sind, mit dem anderen Bein ein Stück weitergekommen, ein ganz entscheidendes Stück weiter, das Stück von *dukkha*, vom spirituell Unbefriedigendem, vom Punkt 13 unserer Liste, zu *saddhā*, zu gläubigem Vertrauen, und damit ist eine gute Grundlage gelegt für die nächsten Schritte, hin zu Punkt 15, zu Freude, und zu Punkt 16, Verzückung, Begeisterung, Ekstase.

nidānas und *upanisās*

Die Verknüpfung der Kette des **Bedingten Entstehens** (Rad mit zwölf Bildern, den *nidānas*) mit dem grau dargestellten Pfad der Höheren Evolution (*upanisās*), wie sie sich in unsrem Schreinraum in Gelnhausen links vom Schrein befindet.

Der Buddha (oder ein beliebiger anderer dharmaerfahrener Mensch) verweist auf die entscheidende Stelle: nicht auf eine Empfindung (Bild 7) hin zu Verlangen (Bild 8) zu kommen, sondern auszusteigen aus dem Kreislauf und zu erkennen, das letztlich alles abhängig entstandene *dukkha* ist, dass wir aber mittels *saddhā* in die Lage versetzt werden können, den (gelb dargestellten) Heilsweg zu Erwachen einzuschlagen.

Die psycho-somatische Einheit:
nama- rūpa

Vortragsreihe Evolution - Teil 6

„Diese fünf Haufen hier schicken sich an, einen Beitrag über nama-rūpa zu schreiben."

Wie du vielleicht weißt, gibt es im Buddhismus so etwas wie die Nicht-Ich-Lehre, die Lehre von *anattā*. Der Buddha stellt damit das Ich-Konzept infrage. Daher nicht: „Ich schicke mich an einen Beitrag zu schreiben", sondern: diese fünf Haufen oder fünf Gruppen, diese fünf *khandhas* schicken sich an, einen Beitrag zu schreiben.

Das Wort *khandha* – Gruppen oder Haufen – deutet schon an, dass es sich dabei nicht um ein Konzept von genau fünf Dingen handelt, denn jede Gruppe oder jeder Haufen kann weiter in immer kleinere Details analysiert und unterschieden werden. Entscheidend ist dabei, dass die gedankliche Einheit des „Ich" infrage gestellt wird. Es ist weniger entscheidend, ob es sich um zwei, drei fünf oder siebenhundert Teile handelt. Der Westler wird, soweit er nicht rein materialistisch eingestellt ist, vielleicht dazu neigen, von zwei entscheidenden Komponenten in uns zu sprechen, von Körper und Geist, eine recht geläufige Einteilung.

Freud ging etwas weiter und spaltete die Person bekanntlich in Ich, *Es* und *Über-Ich* auf. Auch hier im Westen kennen wir also solche Konzepte der Selbstanalyse. Heute lernen wir ein weiteres Erklärungsmodell kennen, ein Modell, das der Buddha erläuterte, es ist das Konzept von *nama-rūpa*. Am einfachsten ist dabei *rūpa* zu übersetzen, es bedeutet Form oder Körper; Körper wird dabei auf die gleiche Weise verstanden wie bei der Einteilung der Person in Körper und Geist. Vielleicht habt ihr schon den Begriff *rūpa* in meinen Beiträgen gefunden. Wenn ich von einer Buddhafigur spreche, dann sage ich gewöhnlich „*rūpa*" und nicht etwa der „Buddha auf dem Schrein da vorne", denn dort auf dem Schrein sitzt natürlich kein wirklicher Buddha, sondern das ist ein Stück Holz. Und der Grund, warum wir im Meditationsraum auf dem Schrein ein Stück Holz stehen haben, liegt darin, dass ein Künstler dieses Holz bearbeitet hat und in eine bestimmte Form – eben eine *rūpa* – gebracht hat. Und diese *rūpa* erinnert uns an den Buddha oder an eine meditierende Person.

Das ist auch der Grund, warum ich diese Form, diese *rūpa*, auf unseren Handzetteln von Meditation am Obermarkt, auf unseren Plakaten und im Internet abgebildet habe. Diese Form erinnert uns an Meditation und Buddhismus. Wenn ihr ein Bild von mir seht und mich kennt, dann denkt ihr: das ist der Horst. Und wenn ihr mich dann auf der Straße seht, sagt ihr: „Guten Tag, Horst!"

Das heißt ihr verbindet mit dieser Form, die gerade hier am Computer sitzt und diesen Beitrag schreibt, einen bestimmten Namen. Im Begriff *nama-rūpa* kommt neben *rūpa* auch *nama* vor, und das ist etymologisch das gleiche Wort wie das deutsche „Name", das englische „name" oder das lateinische „nomen". *Nama-rūpa* kann also übersetzt werden mit Name und Form. Es kann auch übersetzt werden mit Körper und Geist.

Und wenn ihr auf das Bild in der **nidāna**-Kette seht, das *nama-rūpa* darstellt, es ist das vierte im Rad des bedingten Entstehens, dann wird dort ein Boot mit vier

Personen darin abgebildet. Das Boot steht dabei für *rūpa*, die Personen für *nama*. Bei manchen anderen Abbildungen des Lebensrades sitzt übrigens nur eine Person im Boot, dort steht also das Boot für *rūpa*, die Person für *nama*, das Boot für den Körper, der Mensch für den Geist. In unserer Abbildung aber sehen wir vier Personen in dem Boot. Es ist die vom Buddha am häufigsten beschriebene Aufteilung der empirischen Person in die fünf *khandhas* also in fünf Gruppen oder Haufen, und diese fünf Gruppen werden wir uns jetzt etwas näher ansehen.

Es sind dies im Einzelnen

- die Körperlichkeitsgruppe – *rūpa-kkhandha*
- die Wahrnehmungsgruppe – *saññā-kkhandha*
- die Gefühlsgruppe – *vedanā-kkhandha*
- die Geistesformationengruppe – *saṅkhāra-kkhandha*
- die Bewusstseinsgruppe – *viññāna-kkhandha*

Wobei die erste Gruppe, die *rūpa-khandha*, genau unserem Wort „Körper" entspricht, wenn wir es auf den menschlichen Körper beziehen. Und dabei wird auch deutlich, warum es Körperlichkeitsgruppe genannt wird, denn wir können den menschlichen Körper ja weiter analytisch auseinandernehmen, z. B. indem wir ihn einteilen in Kopf, Rumpf, Arme und Beine. Und eines dieser Elemente kann ich dann herausgreifen und noch weiter analysieren, ich kann beispielsweise den Arm einteilen in Oberarm, Ellenbogen, Unterarm und Hand, und ich kann die Hand auch weiter einteilen in Handfläche, Daumen, Zeigefinger usw.

Ich könnte aber auch eine ganz andere Einteilung des Körpers vornehmen, so wie es in Biologiebüchern gemacht wird, also in Skelett, Muskeln, Gefäßsystem, Nervensystem usw. Oder eine, wie es der Buddha gewöhnlich gemacht hat, und wie es im Altertum auch bei uns in Europa üblich war, nämlich in (1)

Erdelement, d. h. Festes, in (2) Wasserelement, also Flüssiges, in (3) Windelement, das ist alles was für Bewegung steht, und in (4) Feuerelement, wobei auf die Temperatur abgehoben wird, die unseren lebendenen Körper bekanntlich von einem leblosen unterscheidet.

In der gleichen Weise kann ich mit den anderen Gruppen umgehen. Die Wahrnehmungsgruppe (*saññā-kkhandha*) wird dabei gewöhnlich in sechs Bestandteile aufgegliedert: Sehwahrnehmung, Hörwahrnehmung, Tastwahrnehmung, Riechwahrnehmung, Schmeckwahrnehmung, und Denkwahrnehmung. Auch hier sind weitere Einteilungen denkbar, so findet sich z. B. in Buddhaghosas **Theravāda**-Standardwerk *Visuddhi Magga* eine Einteilung in 89 Klassen, mit der ich dich jedoch verschonen möchte.

Auch die Gefühlsgruppe (*vedanā-kkhandha*) kann weiter unterteilt werden, die geläufigste Unterteilung ist die in 1. körperliches Wohlgefühl 2. körperliches Schmerzgefühl 3. geistiges Wohlgefühl 4. geistiges Schmerzgefühl und 5. indifferentes Gefühl. Man kann auch diese Gefühle weiter untergliedern, indem man sie beispielsweise hinsichtlich ihrer karmischen Qualität untersucht.

Ich gehe auf die **vedanā**, die Gefühle hier nicht weiter ein, die sind in einem früheren Kapitel dieses Buches erläutert worden. Die Bewusstseinsgruppe (*viññāna-kkhandha*) wird gewöhnlich eingeteilt in Bewusstsein der Sinnensphäre, der feinkörperlichen Sphäre, der unkörperlichen Sphäre und der überweltlichen Sphäre, die alle weiter unterteilt werden können. Damit man besser versteht, was damit gemeint wird, werde ich jede dieser Gruppen ganz kurz erläutern und dann eine Merkmalsausprägung davon nennen.

Zur Sinnensphäre gehört alles, was uns im täglichen Leben an Bewusstseinszuständen begegnet. Eine Merkmalsausprägung hierfür wäre ein „karmisch unheilsames, da in Gier wurzelndes Bewusstsein, unvorbereitet und mit einer Absicht verbunden". Das klingt sehr theoretisch, ist aber die ziemlich exakte Beschreibung dafür, was uns passiert, wenn wir plötzlich eine sexuell attraktive Person sehen und diese ansprechen wollen, also noch mal: eine „karmisch unheilsames, da in Gier wurzelndes Bewusstsein, unvorbereitet und mit einer Absicht verbunden".

Okay, das war eine Merkmalsausprägung aus der Sinnensphäre. Eine Merkmalsausprägung der feinkörperlichen Sphäre ist eine meditative Vertiefung, also z. B. das dritte *jhyana*, die dritte meditative Vertiefung, die einhergeht mit Ekstase, Freude und Konzentration. Die unkörperliche Sphäre sind höhere meditative Vertiefungen, die sog. *arūpa jhānas* wie z. B. das Weder-Wahrnehmung-Noch-Nichtwahrnehmungsgebiet.

Die Geistesformationengruppe *(saṅkhāra-kkhandha)* wird gewöhnlich eingeteilt in allgemeine Geistesformationen, edle Geistesformationen und unheilsame Geistesformationen. Statt Geistesformationen könnte man auch momentane geistige Haltungen sagen. Eine allgemeine, also wertneutrale geistige Haltung ist z. B. diskursives Denken, eine andere Entschlossenheit. Eine edle geistige Einstellung wäre z. B. Achtsamkeit oder Schamgefühl. Eine unheilsame geistige Haltung ist beispielsweise Neid oder Geiz.

Jetzt kann man sich natürlich fragen, was soll das alles? Nun es dient dazu, uns selbst zu analysieren und zwar mittels ethischer Kategorien. Es dient also dazu, uns selbst besser kennen zu lernen. Ziel des buddhistischen Pfades ist, uns zu perfektionieren, uns zu vervollkommnen, Buddhaschaft zu erreichen, ein Vollendeter zu werden. Dazu gehört zunächst einmal Selbstanalyse und dann Arbeit an all unseren suboptimalen Seiten, wozu wir diese erst einmal erkennen müssen. Und ganz wichtig ist dabei: wir sollen uns nicht als feststehendes Ich empfinden, sondern als einen Prozess, oder besser: als einen Bündel zahlreicher Prozesse, deren Entwicklung wir selbst steuern können.

Wir sollen also nicht denken: „Ich bin Buddhist" oder „Ich bin Buchhalter", denn all das ist eine statische Betrachtung. Daher ist die Betrachtung als *nama-rūpa*, als mehrere Gruppen besser, denn dann erfahre ich diese fünf Gruppen, die auf deinem Stuhl sitzen und ein Buch durcharbeiten, als ein entwicklungsfähiges, sich teilweise selbstgesteuert entwickelndes, lernfähiges System mit der Möglichkeit zur Selbstanalyse und zur Optimierung dieser Gruppen auf ein bestimmtes Ziel hin. Und wenn dabei das Ziel Buddhaschaft, Erleuchtung, Nirwana ist, dann ist das die zielführendere Einstellung als zu sagen: „Ich bin Buddhist. Punkt."

Ich möchte hierfür ein Beispiel anführen. Morgens rezitiere ich, wenn ich den Schreinraum betrete: „namo buddhāya, namo dharmāya, namo sanghāya, namo nama, om āh hūm." Also: diese fünf lernfähigen Gruppen ehren den Buddha, seine Lehre und die Gemeinschaft derer, die diesen Pfad beschritten, mit Körper, Rede und Geist. Und dann überlege ich mir, stimmt das? Ehre ich diese drei Kostbarkeiten wirklich mit Körper, Rede und Geist? Also mit Rede mache ich es gerade, das ist das, was ich hier aufgeschrieben habe. Und mit dem Geist auch, denn dieser Vortrag ist in meinem Geist entwickelt worden.

Aber mit dem Körper? Nur weil ich mich im Schneidersitz hierhin setze? Kann diese Körperlichkeitsgruppe, dieser *rūpa* mit *nama* Horst den Pfad nicht noch körperlicher gehen? Kann dadurch nicht meine Zufluchtnahme zu den drei Kostbarkeiten (Buddha, Dharma, Sangha) gestärkt werden? Und dann bin ich auf die Idee gekommen: ja, das geht, ich kann den Pfad körperlich gehen, den Pfad zur Erleuchtung. Ich mache mich auf den Weg. Auf den Pfad in Richtung des Ortes, wo der Buddha körperlich war, als er seine Erleuchtung hatte, nach Bodh Gaya in Nordostindien. Hätte ich dabei eine statische Vorstellung von mir gehabt, hätte ich wirklich gedacht: „Ich gehe nach Bodh Gaya", dann wäre mir die Unmöglichkeit dieses Unterfangens deutlich gewesen: „das kann ich nicht, das schaff ich nicht!"

Und zwar, weil ich von meinem Ich dann eine statische Betrachtung zugrunde lege. So aber sehe ich diese fünf Gruppen als ein entwicklungsfähiges, sich teilweise selbstgesteuert entwickelndes, lernfähiges System an. Und also sagte ich mir: dieses System setzt sich ein Ziel und beginnt dieses Ziel anzustreben. Dabei lerne ich das System zu optimieren. Zunächst lernte ich, welche Pfade ich zu gehen habe. Übte mit Rucksack zu gehen, stellte fest, meine Füße sind nicht auf mein nicht unerhebliches Gewicht und das des Rucksacks ausgelegt, also muss da etwas an der Summe aus beiden geändert werden oder eine Alternative zum Rucksack gefunden werden. Zu dem Zeitpunkt, als ich diesen Abschnitt erstmals schrieb, ging ich die ersten zehn Pfadabschnitte – von Gelnhausen bis Rothenburg ob der Tauber – nur bei gutem Wetter, danach lerne ich auch darüber, wie ich mit anderem Wetter umgehe. Zunächst übernachtete ich in Pensionen, künftig will ich ein Zelt mitnehmen. Ich will mir nicht zu viele Details vorplanen, ich will unterwegs lernen. [11]

Oder besser: Dieses System, das gemeinhin unter dem Namen Horst Gunkel bekannt ist, ist bereit zu lernen, die einzelnen Gruppen sollen sich dabei optimieren. Und das Ganze soll das Ziel haben, den Pfad der Erleuchtung auch mit dem Körper erfahrbar werden zu lassen, oder besser: sich als gangbar erweisen zu lassen. Dieser Plan kann nicht scheitern. Er kann vielleicht in diesem Leben nicht vollständig umgesetzt werden. Aber wer glaubt schon, in einem Leben zur Erleuchtung zu kommen?

---

11 Einzelheiten über diesen Prozess finden sich im Band 3 dieser Buchreihe: „Buddhistische Pilgerwanderung".

Das Entscheidende für mich ist vielmehr, den Pfad zu gehen, mit Körper, Rede und Geist. Und dabei ist die Betrachtung als nama-rūpa, als diese fünf Gruppen, die diesen Pfad zu gehen begonnen haben, als ein entwicklungsfähiges, sich teilweise selbstgesteuert entwickelndes, lernfähiges System mit der Möglichkeit zur Selbstanalyse und zur Optimierung dieser Gruppen auf ein bestimmtes Ziel hin, wichtig. Und das alles hilft bei der Selbstüberwindung, hilft dabei, mich von diesem Ich-Konzept zu lösen.

Ziel dieses Pfades ist es, die Dinge zu sehen, wie sie sind:

- als unvollkommen
- als vergänglich
- als ohne festen Wesenskern

und eben dabei hilft uns das Konzept von nama-rūpa, von den fünf Gruppen.

Und noch ein Beispiel. Wenn letzte Woche[12] die Bundes-kanzlerin erklärt hat, nach den Ereignissen in Fukushima, sei sie bereit umzudenken, so kann man das als wahltaktisches Manöver abtun, wie das Vertreter der Opposition auch gleich getan haben. Ich bin da etwas optimistischer. Ich sehe diese Form, die wir aus dem Fernsehen kennen und die wir mit dem Namen „Angela Merkel" verbinden, ich nehme diese wahr als „ein entwicklungsfähiges, sich teilweise fremdgesteuert entwickelndes, lernfähiges System". Und damit bin ich deutlich optimistischer, als die Sprecher der Opposition, die ein eher statisches Modell von der Regierungschefin zu haben scheinen.

Wir alle haben Verblendung in uns, **avijjā**, du, ich und auch die Bundeskanzlerin, aber wir alle haben auch **Buddhanatur** in uns, und daher die Möglichkeit unsere Verblendung schrittweise, Stück für Stück, sukzessive, zu überwinden. Wir sind ein

---

12 Dieser Vortrag wurde im März 2011, kurz nach dem Super-GAU in Fukushima, gehalten.

lernfähiges System. Wir können Lernprozesse durchmachen. Und diese Lernprozesse können selbstgesteuert sein, worum sich Buddhisten bemühen, oder sie können fremdgesteuert sein, aufgrund äußerer Ereignisse. Und damit hat sogar eine Atomkatastrophe – neben unendlichem Leid – durchaus auch eine positive Auswirkung, dieser GAU ist (wie alles andere auch) *dukkha*, wie alles Unvollkommene, wie alles Leidhafte, eine Chance zum Lernen.

Deine Baustelle:

karma – niyama

Vortragsreihe „Evolution", Teil 7

Karma ist ein häufig verwendeter, aber fast genauso oft auch missverstandener Begriff. Ich habe dies bereits im Kapitel „Handlungen haben Folgen" erläutert, daher hier zunächst nur eine kurze Erinnerung daran, bevor ich aufzeige, welche anderen Handlungsebenen es noch gibt.

Mitunter wird *Karma* völlig fälschlich als „unentrinnbares Schicksal" angesehen. „Das ist nun einmal sein *Karma*", heißt es dann. Hier liegt möglicherweise eine Verwechslung mit dem muslimischen Konzept von *Kismet* (arabisch: *qisma*) vor, das sich in fatalistischen Äußerungen wie *Inschallah* („so Gott will", arab.) manifestiert. Das hat mit *Karma* <u>absolut nichts zu tun</u>.

Häufig liegt aber auch eine Verwechslung mit dem hinduistischen *Karma*-Konzept vor. Das hinduistische *Karma* erläutert, warum wir in diesem Leben (angeblich) in einer Rolle gefangen sind, sei es in unserer Geschlechtsrolle oder in unserer Kaste: aufgrund unseres Wandels in früheren Leben sind wir in diese Kaste geboren, die für unser ganzes Leben gilt. Nur wenn wir uns den Kastenregeln konform verhalten und die Brahmanen für uns (bezahlte) Rituale ausführen lassen, können wir einer besseren Wiedergeburt entgegen gehen. Damit ist der hinduistische Karmabegriff eine Rechtfertigungsideologie für ein auf Rollenmuster und Apartheid ausgerichtetes soziales Unterdrückungssystem.

Davon hat sich der Buddha klar distanziert. Im Buddhismus geht es bei dem Begriff *Karma* nicht um fatalistisches Rückwärtsblicken, sondern um einen optimistischen Blick nach vorn, denn

Karma bedeutet „Handeln" und es ist Ursache für *karma vipāka*, die „Früchte unseres Handelns", womit deutlich wird: du kannst deine Zukunft aktiv gestalten. Dieses Konzept wird besonders deutlich in Geschichten wie der von Angulimala, wo ein Massenmörder durch Beeinflussung seitens des Buddha seinen Lebenswandel ändert und es ihm gelingt, durch positive Taten am Abbau seines negativen *Karma* zu arbeiten und er schließlich sogar zum **Arahat**, zum Heiligen, wird.

Karma bedeutet also Handeln, und nach buddhistischer Auffassung hat Handeln Folgen. Dabei muss man jedoch beachten, dass *Karma* nur eine Handlungsebene ist. Nach der klassischen buddhistischen Einteilung gibt es fünf unterschiedliche Handelungsebenen, also fünf Ebenen der Konditionalität, von denen die *karmische* nur eine ist, es sind dies

- *utu niyāma*   (physisch-anorganische Ebene),
- *bīja niyāma*   (die organische Ebene),
- *māno niyāma*   (die zoologische Ebene),
- *kamma niyāma*   (die ethische Ebene) und
- *dhamma niyāma*   (die transzendente Ebene).

Diese einzelnen Ebenen sind aufeinander aufbauend und entsprechen unterschiedlichen Evolutionsstufen. Betrachten wir sie uns der Reihe nach.

Die unterste Ebene ist die physisch-anorganische Ebene, also die Ebene lebloser Materie. Evolutionsgeschichtlich ist dies die Zeit zwischen dem Urknall und dem ersten Auftreten von Aminosäuren. In dieser Zeit gab es nur die Ebene des *utu-niyāma*. Heute gibt es auch die anderen Ebenen, aber die Naturgesetze oder Gewohnheitsmuster der Materie existieren natürlich weiter. Dass sich der Planet Erde um die Sonne dreht, ist eine physikalische Tatsache, hier wirkt die Ebene von *utu-niyama*. Auch wenn du dieses Buch loslässt, wird etwas geschehen, was dich nicht überrascht: es fällt nach unten.

Dieses Ereignis des Fallens eines Buches geschieht in Abhängigkeit von Bedingungen. Die augenscheinlichsten Bedingungen sind

1. dass du es losließest,
2. dass das Buch Masse hat,
3. dass wir uns im Gravitationsfeld der Erde befinden.

Wir haben jetzt also eine Ebene von Konditionalität untersucht, eine Ebene in der die physikalischen Gesetze gelten.

Die nächsthöhere Evolutionsstufe ist das Auftreten organischer Strukturen, also der evolutionäre Fortschritt, der mit dem Auftreten von Leben einhergeht. Damit begeben wir uns in eine neue Stufe von Konditionalität, in das *bīja niyāma*. Hier gelten nicht mehr nur die Naturgesetze der Physik und der Chemie, sondern hier treten biologische Sachverhalte hinzu. Typische Beispiele für das *bīja niyāma* sind die Photosynthese oder die Genetik.

Dass eine Pflanze wächst hängt von verschiedenen Bedingungen ab:

1. eine bestimmte Temperatur,
2. Sonnenlicht,
3. Wasser ,
4. *Kohlendioxid* für die *Photosynthese,*
5. das Blattgrün *Chlorophyll* in den Blättern
6. und natürlich ein entsprechender Pflanzensamen.

Es wirken also Bedingungen des *utu niyāma* und die des *bīja niyāma* zusammen. Das Bedingungsgefüge des untersten *niyama*, des *utu niyāma* wirkt fort, aber es tritt noch die Konditionalität des *bīja niyāma* hinzu. Der Mythos der *Genesis* in der christlichen Bibel stellt dies übrigens als den dritten Schöpfungstag dar.

Die nächste Stufe ist das *mano niyāma* und damit begeben wir uns in den Bereich der Zoologie, in das Tierreich. Typisch für dieses *niyāma* sind Wahrnehmung, Reflexe, Instinkte und das Reiz-Reaktions-Schema.

Wenn wir uns beispielsweise einen Hund vorstellen, so erkennen wir ganz klar, dass der Hund mit seinen Sinnesorganen wahrnimmt – beim Geruchssinn ist er uns Menschen sogar weit überlegen –, wir können an ihm Reflexe beobachten, wir können instinktives Verhalten feststellen, z. B. Fluchtverhalten und natürlich auch, dass der Hund auf Reize reagiert, z. B. das Schwanzwedeln, wenn er seines Herrchens ansichtig wird. Und selbstverständlich wirken auch im Hund die Gesetze des *utu niyāma* fort, er unterliegt z. B. die Schwerkraft und auch des *bīja niyāma,* denn die Herausbildung der Hunderassen ist ja ein ganz klares Zeichen der Genetik. Auf der animalischen Ebene wirken also drei der fünf Ebenen der Konditionalität.

Und damit kommen wir zur vierten Ebene, der Ebene des *kamma niyāma*, das ist die Ebene von Ethik und Moral. Als Menschen haben wir Selbstgewahrsein entwickelt. Selbstverständlich unterliegen wir auch allen Ebenen niederer Konditionalität. Wir unterliegen den Naturgesetzen der Physik, Chemie und Biologie und wir unterliegen als Herrentiere den Gesetzen, die für alle Tiere gelten, wir haben Wahrnehmung, wir haben Reflexe, wir sind instinktgesteuert und wir unterliegen dem Reiz-Reaktions-Schema.

Aber wir müssen auf einen Schlüsselreiz nicht mit einer instinktiven oder erlernten Reaktion antworten. Wir können stattdessen kreativ agieren und müssen nicht blind reagieren. Wir haben die Wahl, wie wir handeln. Karmisch unheilsam ist es, mit Gier, Hass und Verblendung zu handeln, denn wir sind ein Teil eines Ganzen. Wenn wir aber mit Gier, Hass und Verblendung handeln, dann versuchen wir unser eigenes Ich auf Kosten des Ganzen, dessen Teil wir sind, zu optimieren. Damit handeln wir so kurzsichtig wie eine Krebszelle, die andere Zellen attackiert und damit den Organismus, dessen Teil sie ist, tendenziell zerstört.

Weise ist es, das zu erkennen, Verblendung zu überwinden, die Dinge so zu sehen, wie sie sind, und statt gierig zu reagieren unserer Großzügigkeit kreativ Raum zu geben. Weise ist es, den Hass in uns zu überwinden und stattdessen allen Wesen mit *metta* zu begegnen. Das ist der Grund, warum wir die *metta bhāvanā* üben: wir üben ein, den Widerspruch zwischen Ich und Ander (Nicht-Ich) zu überwinden. Statt kurzfristig dem Ich auf Kosten der Gesamtheit einen Vorteil zu verschaffen, streben wir weise den Vorteil für alle an. Und da Handeln Folgen hat, hat auch Handeln auf der karmischen Ebene *karmische* Folgen: *karma vipāka*, die Früchte unserer Taten. Ein *metta*voller, ein freundlicher Mensch wird fröhlicher sein als der Hasstyp.

Es wäre aber völlig falsch, alles, was uns geschieht, als Früchte unseres *Karma* anzusehen, denn *Karma* ist nur eine Ebene der Konditionalität.

Wenn ich also die Treppe herunterfalle und mir ein Bein breche, muss das keine *karmische* Ursache haben, es kann sich schlicht um Physik handeln, um *utu-niyāma*. Vielleicht war die Treppe frisch eingewachst und ich war einfach unachtsam oder ungeschickt. Vielleicht bin ich jedoch auch, weil ich mich über jemanden geärgert habe, voller Wut und in Gedanken durchspielend, wie ich diesem Kerl schaden kann, die Treppe entlanggehastet, in diesem Beispiel kamen jetzt die Ebene von *utu niyāma* und *kamma niyāma* zusammen.

Da sich also verschiedene Ebenen überlagern und da wir in diesem Leben (und in früheren) eine Menge *Karma* angesammelt haben, ist es sehr schwer, alles was uns geschieht, hinsichtlich seiner *karmischen* Ursachen zu untersuchen. Aber das ist auch gar nicht Sinn der buddhistischen *Karma-*

betrachtung. Sinn des Buddhismus ist es schlicht und einfach, uns Lebenshilfe zu geben, er ist gegenwartsorientiert und zukunftsorientiert: also welches Handeln ist jetzt sinnvoll, um mir und gleichzeitig anderen zu nützen – und ganz nebenbei schaffe ich mir dadurch auch gutes Karma und arbeite daran, früheres negatives Karma zu neutralisieren.

Es sind also vier Ebenen der Konditionalität, denen wir unterliegen, und unsere wichtigste Baustelle ist dabei das *kamma niyāma*. Hier arbeiten wir an uns selbst, hier arbeiten wir an unserer Optimierung, an unserer Fortentwicklung, hier arbeiten wir an unserer höheren, an der selbstgesteuerten Evolution. Und eben dadurch haben wir die Chance, eines Tages auf eine noch höhere Ebene der Konditionalität zu kommen, in den *dhamma niyāma*, die Ebene transzendenter Konditionalität.

Solange wir diese noch nicht erreicht haben, müssen wir uns noch bemühen, *karmisch* positiv zu handeln, unterliegen wir immer noch der Gefahr reaktiv und unter dem Einfluss von Gier, Hass und Verblendung zu handeln, und es wird uns vielleicht nur gelegentlich gelingen, kreativ, großzügig, weise und liebevoll zu handeln. Wir können dies allerdings einüben, sodass uns dieses zwar nicht immer, aber doch immer öfter gelingt. Dennoch besteht immer wieder die Gefahr des Rückfalls in alte, in egoistische, in karmisch unheilsame Verhaltensmuster.

Es gibt allerdings, und das ist das Wundervolle dabei, einen Punkt, an dem wir nicht mehr in diese Verhaltensmuster zurückfallen, einen Punkt, an dem wir auf der Basis von Ethik und mit Hilfe der Meditation so viel Weisheit entwickelt haben, dass wir den Egoismus überwunden haben. Diesen Punkt unserer Entwicklung nennt man den Stromeintritt.

Hier gelangen wir ins *dhamma niyāma,* in die Ebene transzendenter Konditionalität; wir haben gewissermaßen das Gravitationsfeld von **samsāra**, des Bereichs in dem Gier, Hass und Verblendung existieren, verlassen und sind in den Bereich des Gravitationsfeldes von *nibbāna* (Nirwahn) gekommen. Das heißt nicht, dass nun jedes Verlangen restlos überwunden wäre und jede Abneigung in uns völlig obsolet wäre, aber von nun an muss man daran nicht mehr mühevoll arbeiten.

Das ist der Grund, warum aktiv praktizierende Buddhisten daran arbeiten, diesen Punkt, den Stromeintritt, den Punkt des Erkennens und der Sicht der Dinge, wie sie wirklich sind, also *yathābhūta-ñāṇadassana*, zu erreichen, und zwar möglichst noch in diesem Leben.

Und da der Buddhismus eine praxisorientierte Lehre ist, möchte ich über den Bereich des Transzendenten gar keine weiteren Worte verlieren. Das Entscheidende ist vielmehr daran zu arbeiten, den Punkt des Stromeintritts und damit letztendlich den Punkt der Überwindung der Mühsal auf dem Pfad zu erreichen.

Zusammenfassend möchte ich jedoch noch die vier Phasen der Bewusstseins-Evolution benennen. Es gibt

- <u>blinde Evolution</u>, das ist der Bereich von *utu-niyāma* bis zum Hervortreten des Selbstgewahrseins und somit zum Auftreten des *kamma-niyāma*, also die unteren drei *niyāmas*

- <u>willentliches Handeln</u>, das ist der Pfad, den wir beschreiten, wenn wir begonnen haben, die Lehre des Buddha zu praktizieren, es ist die höhere Evolution bis zum Stromeintritt (Punkt 13 – 20 der Liste auf S. 94)

- <u>Entwicklung des transzendenten Bewusstseins</u>, das ist der zweite Teil des *Spiralpfades*, also ab dem Stromeintritt (Punkt 20 im Bild auf der nächsten Seite)

- <u>Buddhaschaft</u>, hier blüht das erleuchtete Gewahrsein immer reicher - solange ein Buddha lebt, wirken die drei niederen *niyāmas* in ihm und auf ihn weiter, der *kamma niyāma* ist allerdings nicht mehr von Bedeutung. (Nirwana wird im Bild unten als Mandala der fünf Buddhaaspekte dargestellt.)

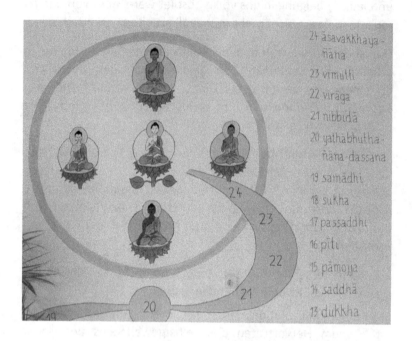

Dieses Bild stellt den Weg vom Stromeintritt (Punkt 20) bis zur Buddhaschaft dar. Rechts im Bild die Liste aller 12 vom Buddha im **upanisā sutta** erläuterten Stufen des buddhistischen Pfades.

Das Bild ziert die rechte Seite der Stirnwand des Gelnhäuser Meditationsraumes (rechts vom Schrein). Diese Darstellung – ebenso wie die auf der linken Seite (Bild S. 100) – soll den bei uns Praktizierenden immer wieder das in Erinnerung rufen und verdeutlichen, was Inhalt diese Buches ist.

Das süße Leben der Buddhisten:

pāmojja - pīti - passadhi - sukha

Vortragsreihe „Evolution", Teil 7

Wir haben uns in einigen Kapiteln mit dem Konditionalnexus beschäftigt, mit der Tatsache, dass alles in *samsāra*, also in der normalen, nicht-erleuchteten Welt, in Abhängigkeit von Bedingungen entsteht.

Wir haben gesehen, dass wir häufig etwas anstreben, ohne uns der Konsequenzen klar zu sein, oder dass wir in etwas Wünsche hineinprojizieren, die dieses nicht erfüllen kann. Das gilt für alles, für ein Produkt, für eine Dienstleistung, für eine Beziehung. Man nennt dies *avijjā*, Verblendung.

Avijjā steht am Anfang dieser kreisförmigen Darstellung der zwölf *nidānas*. Daraus entstehen alle unsere Probleme.

Und wir haben in letzten Kapitel erfahren, wie unser Reiz-Reaktions-Schema funktioniert: wir haben unsere fünf Sinne und das Denken, dargestellt in Bild 5 aus S. 48 (*salāyatana*), dadurch nehmen wir diese Welt wahr, es kommt zu Kontakt (*phassa*, Bild 6) zwischen unserem Sinnenorgan und einem Objekt. Dadurch entsteht unwillkürlich eine Bewertung (*vedanā*, Bild 7). Ist dieses *vedanā* positiv, so reagieren wir mit Verlangen (*tanha*, Bild 8), in Abhängigkeit von diesem Verlangen kommt es zu Ergreifen und Festhalten (*upādāna*, Bild 9).

Wir haben auch gesehen, dass wir als Menschen Selbstgewahrsein haben und daher nicht notwendigerweise impulsiv reagieren müssen, sondern dass wir statt dessen auch kreativ agieren können und damit aus dem Rad des bedingten Entstehens ausbrechen können, also uns tendenziell auf den Pfad zur Erleuchtung – in unserem Bild (auf S. 58) gelb dargestellt – begeben können.

Weiterhin haben wir festgestellt, dass am Anfang dieses Pfades die Erkenntnis steht, dass das abhängig Entstandene, das Weltliche, dass *samsāra*, letztendlich unbefriedigend (*dukkha*) ist. Es ist dieser Wunsch in uns, dass es etwas Größeres, etwas Höheres, etwas Vollkommeneres geben muss, als die letztendlich doch nicht dauerhaft zufriedenstellende tägliche Triebbefriedigung, die uns umtreibt.

Wenn wir daher nach diesem Besseren, nach Vollkommenheit, nach dem, was die antiken europäischen Philosophen als „das guten Leben"[13] bezeichnet haben, suchen, dann kommen wir irgendwann in Kontakt mit etwas Spirituellem, vielleicht sogar mit dem *Dharma*, der Lehre des Buddha. Und wenn wir dafür bereit sind, dann stellt sich *saddhā*, Vertrauen, in den Pfad ein. Dieses *saddhā* ist kein unkritischer Glaube, sondern die Erkenntnis, dass eine spirituelle Lehre, ein spiritueller Pfad uns weiterbringen kann. Wir prüfen diesen dann wohlwollend, aber kritisch und untersuchen so, ob er wirklich zu Liebe, Großzügigkeit und Weisheit führt, oder aber zu Elementen von Hass, Egoismus und Verblendung. Und wenn wir einen positiven Eindruck davon gewonnen haben, dass dieser Pfad zu Liebe, zu Großzügigkeit und zu Weisheit führt, dann wächst unser Vertrauen, unser *saddhā*, und so lassen wir uns ein Stück weiter auf diesen Pfad ein, ohne unseren wohlwollenden aber kritischen Blick zu verlieren. So kommen wir auf dem spirituellen Pfad voran. Über all das habe ich in früheren Kapiteln schon berichtet, daher habe ich es hier nur ganz knapp dargestellt.

---

13 Über „das Gute Leben" habe ich eine eigene Vortragsreihe abgehalten, die Gegenstand von Band 6 dieser Buchreihe ist.

Und all das, was ich in den früheren Kapiteln dieses Bandes erläutert habe führt uns zu dem, was ich „das süße Leben der Buddhisten" genannt habe – natürlich auch der Buddhistinnen.

Wenn wir nämlich soweit gekommen sind, wenn wir angefangen haben, diesen Pfad zu beschreiten, einen Pfad der letztendlich zur Erleuchtung führt, wenn wir aus dem Gefühl von *dukkha*, der Erkenntnis, dass es noch etwas Größeres, etwas Besseres, etwas Spirituelles, ja vielleicht sogar etwas Transzendentes gibt, und das wir uns diesem annähern können, und wenn wir dann begonnen haben, Vertrauen, *saddhā*, in den Pfad zu entwickeln, dann ist das wunderschön. Es kommt Freude auf.

Wir freuen uns, dass wir jetzt endlich weiter kommen, uns nicht mehr immer im Hamsterrad des Lebens drehen müssen. Wir erkennen erste Fortschritte. Wir bemerken, wie wir ethischer handeln. Wir bemerken, dass unsere Meditation konzentrierter wird, wir erkennen Elemente von Verständnis in uns, wir sehen mit anderen Worten, wie das Beschreiten des Dreifachen Pfades, des Pfades, der aus Ethik, aus Meditation und aus Weisheit besteht, beginnt, allererste Blüten zu tragen, und das lässt Freude aufkommen, das lässt in uns *pāmojja* aufsteigen. Wir haben Erfolge auf dem Pfad und wir erkennen diese Erfolge – und was ist schöner, als eigene Erfolge zu bemerken?!

Wir haben unsere Kampfzeit hinter uns gelassen, wir werden zufriedener und glücklicher. Es gelingt uns, etwas weniger egoistisch zu sein, dadurch werden wir etwas großzügiger, wir fangen an, uns weniger krampfhaft an die Dinge zu klammern. Unser Leben wird etwas schlichter und eben dadurch werden wir zufriedener.

Bei uns im Westen erscheint das religiöse Leben traditionell immer etwas mit Verzicht, mit Entsagung, mit „du sollst nicht" zu tun zu haben. In vom Buddhismus geprägten Ländern wird das spirituelle Leben viel stärker mit Freude verbunden. Denken wir nur einfach einmal an den Dalai Lama, an einen Mann, der aus seiner Heimat geflohen ist, dessen Land okkupiert ist. Wirkt er wie ein wütender Kämpfer? Läuft er verbittert herum? Nein, er wirkt immer fröhlich, immer heiter. Es ist die fröhliche Gelassenheit eines spirituell praktizierenden Menschen. Eine fröhliche Gelassenheit, die man übrigens auch bei spirituell praktizierenden Menschen anderer Traditionen finden kann, zum Beispiel im Sufismus, der mystischen Richtung des Islam. Und ich kann mich noch gut erinnern, dass ich als Kind zur Erstkommunion ein Buch über den späteren Papst Johannes XXIII. bekommen habe, es hatte den Titel „Giovanni immer fröhlich, Giovanni immer heiter". Es scheint sich um einen spirituell praktizierenden Menschen gehandelt zu haben.

Und die Erfolge, die wir auf dem Pfad haben, die Freude die dadurch aufkommt, kann uns natürlich anspornen, den Pfad noch mehr mit ganzem Herzen zu gehen. Und wenn das der Fall ist, dann steigt diese Freude noch weiter an.

Es kann natürlich auch immer sein, dass uns die Verlockungen des *samsāra*, der gewöhnlichen Welt wieder einfangen, dass wir vielleicht die Möglichkeit zu einem Karrieresprung haben und zugreifen (*upādāna*) oder dass wir uns neu verlieben (und von ihr oder ihm Besitz ergreifen) und dass auf diese Weise viel Kraft vom Engagement, den Pfad zu gehen, abgezogen wird. Das ist eine ganz reale Gefahr. Und nur allzu leicht werden wir uns aufgrund unserer Konditionierung, unserer aus der biologischen Evolution herrührenden Ausrichtung auf Gewinn, auf Ruhm, auf Anerkennung und auf Sex wieder vom *samsāra* einfangen lassen. Eine solche Entwicklung, an der wir über die Evolutionsgeschichte seit Jahrmillionen beteiligt sind, lässt sich nicht ohne weiteres von heute auf morgen abstreifen. Und wann immer wir uns noch im Gravitationsfeld von *samsāra* befinden - das ist auf dem ganzen Bild auf S. 100 - also auch auf der Stufe von *pāmojja* und noch darüber hinaus, da kann uns *samsāra* auch immer wieder einfangen und zurückerobern, jedenfalls für eine gewisse Zeit.

Nehmen wir aber den positiven Fall an, nehmen wir an, wir stellen die Versuchungen des *samsāra* hinter unsere Erfolge auf dem Pfad zurück, wir genießen die spirituelle Freude am Beschreiten des Pfades, wir bemerken weitere Erfolge bei uns, dann wird dieses Gefühl von *pāmojja* ansteigen, es wird anwachsen zu *pīti*, zu brodelnder, überschäumender Freude, zu Begeisterung, zu Verzückung, ja zu Ekstase.

Wenn *pīti* erstmals in der Meditation auftritt, dann kann es sein, dass uns heiße oder kalte Schauer den Rücken herablaufen, dass wir eine Gänsehaut bekommen, dass unsere Haare zu Berge stehen, dass wir in Freudentränen ausbrechen oder das Gefühl haben, leicht wie eine Feder zu sein und uns in die Lüfte erheben zu können. Und wenn wir dann hinterher auf dieses Erlebnis zurückblicken und feststellen: wow, das war deutlich besser als ein Orgasmus, dann wissen wir, dass wir *pīti* erfahren haben.

Es gibt Menschen, die vom spirituellen Leben nicht mehr erwarten, die Meditation nur zu betreiben, um das Gefühl von *pīti* zu erreichen. Allerdings gilt für *pīti* wie für alles andere im Bereich des Gravitationsfeldes von *samsāra* auch, dass es vergänglich ist. Und man muss natürlich auch sagen, dass es doch eine recht grob geartete Form von Genuss ist. Deshalb wird, wenn man den Pfad weiter beschreitet, das Gefühl von *pīti* weniger dominant, dieses Aufgeregtsein geht vorbei, ohne dass das zugrunde liegende Gefühl von Freude verloren geht, es kommt also zu einer Beruhigung, wir sind jetzt bei der Stufe von *passaddhi*, also einem Zur-Ruhe-Kommen der zuvor überschäumenden Begeisterung. Das heißt nicht, dass die Begeisterung jetzt weg ist, wir sind weiter vom Geist des Pfades begeistert, aber auf eine ruhigere Form. Es ist so ähnlich, wie wenn eine wilde Verliebtheit zu Ende geht und wir in das ruhige

Fahrwasser einer glücklichen, dauerhaft-harmonischen Beziehung geraten. Und dadurch bekommt die zugrunde liegende Freude einen etwas anderen Geschmack. Die anfängliche Freude von *pāmojja*, die in *pīti* sonderbare Blüten trieb, hat nun ihre Blütenblätter abgeworfen und lässt eine zuckersüße Frucht heranreifen, und tatsächlich ist das indogermanische Paliwort für dieses Stadium der Glückseligkeit, nämlich *sukha*, in den europäischen Sprachen für diesen honigsüßen Ersatzstoff verwendet worden, der im Deutschen Zucker und auf englisch *sugar* und auf französisch *sucre* heißt. Eigentlich kommt der Begriff aus einer spirituellen Erfahrung. Und auch die Moslems nennen ihr höchstes Fest zum Ende des Fastenmonats Ramadan, der der spirituellen Läuterung dient, Zuckerfest, auf türkisch: *şeker bayramı*.

Das Gefühl von *sukha* umfasst natürlicherweise auch Elemente von Frieden, von Liebe, von Mitgefühl, von Freude und von Gleichmut. Der buddhistische Wirtschaftswissenschaftler Hans-Günter Wagner hat einen Aufsatz zum Thema buddhistische Wirtschaft geschrieben, der dieses Gefühl von *sukha* schon im Titel sehr gut beschreibt: „Das bescheidene Glück des einfachen Lebens". Es zeigt, wenn man so will, den spirituellen Gegenentwurf zu unserer kapitalistisch-konsumistischen Gierwirtschaft auf, die immer mehr will und damit zu allem anderen, nur nicht zur Zufriedenheit führt. Es ist die Werbung, die uns immer und immer wieder suggeriert, was wir vermeintlich brauchen „xy – und mehr". Hans-Günter Wagner setzt dagegen „das bescheidene Glück des einfachen Lebens". Statt „und mehr" haben zu wollen, eben „einfach glücklich sein".

Das „gute Leben", das die antiken europäischen Philosophen suchten, es ist in der Tat das süße Leben geläuterten Genusses auf dem Pfad. Oder wie es der Dalai Lama einmal formulierte: „Wenn der Buddhismus nicht glücklich machen würde, dann wäre er ja vollkommen nutzlos."

Meditative Konzentration

samādhi

Vortragsreihe „Evolution", Teil 9

Samādhi wird in Ermangelung eines besseren Wortes im Deutschen meist mit „Meditation" übersetzt. Das stimmt aber so nicht ganz, denn *samādhi* ist wesentlich besser, wesentlich vollkommener, wesentlich tiefgründiger als das, was wir hier in Gelnhausen donnerstags am Offenen Meditationsabend machen und auch wesentlich tiefgründiger als das, was irgendwo sonst in diesem Land gemeinhin als „Meditation" angeboten wird. Und so könnte man mir zu Recht die Frage stellen: „Horst, warum unterrichtest du hier Meditation und nicht *samādhi*? Kannst du das nicht, willst du das nicht? Oder was?"

Der Grund hierfür ist einfach: um *samādhi* zu erleben, muss man besser vorbereitet sein als 99,9 % aller Leute, die sich der Meditation zuwenden. Sehen wir uns das **dharma cakra**, das Rad der Lehre, an (S. 84). Das *dharma cakra* stellt den **Edlen Achtfältigen Pfad** dar, die bekannteste Beschreibung des Pfades, den der Buddha gelehrt hat. Es beginnt mit **sammā ditthi**, das ist eine Richtige Vision, einer ersten Gewissheit, dass der Pfad, den der Buddha gelehrt hat, nicht nur hilfreich ist, sondern dass er zur Erleuchtung führt, dass er eine Evolutionsstufe weiter bringen kann, dass er uns von der Evolutionsstufe des Menschen weiterführt, hin zu Buddhaschaft, zu Vollkommenheit, zur Erlösung, ins **nibbāna**.

Diese erste Vision setzt schon einmal eine ganze Menge voraus. Ich bin der festen Überzeugung, dass die weitaus meisten

Menschen, die sich als Buddhisten bezeichnen, diese Gewissheit nicht haben, diese Vision nicht teilen. Und das ist erst der erste Schritt, es folgen sechs weitere Pfadglieder, bevor schließlich als achtes, als letztes, *sammā samādhi*, Rechte Meditation, auftritt, Meditation im eigentlichen Sinne.

Oder sehen wir uns den zwölfstufigen Pfad zur Erleuchtung an, eine andere Darstellung des Pfades, der auf S. 100 mit den Ziffern 13 bis 24 gekennzeichnet ist. *Samādhi* hat die Nummer 19 und steht damit direkt vor Punkt 20, dem Stromeintritt, den man auch als erste Stufe der Heiligkeit bezeichnen kann. Also ein sehr, sehr weit fortgeschrittenes Stadium. Über die Pfadglieder mit den Nummern 13 bis 18 habe ich hier in den vergangenen Kapiteln bereits berichtet, daher nur ganz kurz zur Erinnerung.

- Punkt 13 ist *dukkha*, Einsicht in die Unvollkommenheit. Hier sollte man zumindest intellektuell erkannt haben, das kein weltliches Streben zu vollkommenem Glück führen kann, weil alles Weltliche letztlich vergänglich ist und damit ohne festen Wesenskern.
- Punkt 14, *saddhā*, setzt tiefes Vertrauen in den Buddha und die Lehre voraus, erinnert also an die erste Speiche des *dharma cakra*, von der ich gerade sprach, an Vollkommene Vision.
- Punkt 15 und 16 sind die ersten beiden Stufen der Freude darüber, den Pfad zur Erleuchtung zu beschreiten, wobei *pāmojja* wirklich Freude heißt und *pīti* die Begeisterung, die überschäumende Freude, ja geradezu die Ekstase darob ist.
- Bei Punkt 17, *passadhi*, hat sich diese überschäumende Begeisterung beruhigt; *passadhi* bedeutet: zur Ruhe kommen, Beruhigung, wieder auf den Teppich kommen. Das heißt nun keineswegs, dass alles wieder so ist wie vorher, vielmehr bleibt die zugrundeliegende Freude erhalten und wir gelangen somit zu

- Punkt 18, *sukha*, dem zuckersüßen Leben der Buddhisten, über das ich im letzten Kapitel berichtete. Die überschäumende Begeisterung ist vorüber, aber das zugrundeliegende und nunmehr geläuterte Glücksgefühl ob der Vollkommenheit der Lehre und den Erfolgen auf dem Pfad ist jetzt voll entwickelt. *Sukha* wird daher mit Glückseligkeit übersetzt.

Und erst danach, also dann, wenn Glückseligkeit das bestimmende Empfindungsmuster unseres Lebens geworden ist, erst dann steigt *samādhi* auf. Und nun wird uns allmählich klar, warum ich zuvor gesagt habe, dass 99,9 % aller Menschen, die hierher kommen, noch nicht genug vorbereitet sind, um zu *samādhi* zu kommen. Es kann sich ja jeder und jede von euch einmal fragen, ob ihr die eben genannten Stufen 13 bis 17 bereits durchlaufen habt, und nunmehr Stufe 18, Glückseligkeit, euer bestimmendes Empfindungsmuster ist, eine Glückseligkeit, die jenseits ist von Besitzwünschen, von Trachten nach beruflichen Erfolgen, von Wünschen nach erfüllten Beziehungen, ob ihr also wirklich wie der heimat- und besitzlose Buddha trotz oder gerade wegen dieses Nichtanhaftens an allem Weltlichen dauerhaft in Glückseligkeit verweilt.

Und sobald Glückseligkeit zum bestimmenden Empfindungsmuster unseres Lebens geworden ist, wird *sammā samādhi,* Vollkommene Meditation, von alleine aufsteigen, eben weil die voraussetzenden Bedingungen erfüllt sind.

Woraus sich nun allerdings zwei Fragen ergeben

(a) wie sieht dieses *samādhi* aus? und
(b) was muss ich konkret tun, um es zu erreichen?

Zunächst also zu einer Beschreibung der vier wichtigsten Vertiefungsstufen zu den vier grundlegenden *jhyanas* vollkommener Meditation. Wenn man in *samādhi* ist, sind alle fünf groben Meditationshindernisse überwunden

1. es gibt keinerlei Verlangen nach irgendetwas, insbesondere nicht nach Sinneneindrücken,
2. es gibt keine Abneigung gegen irgend etwas mehr,
3. es gibt keinerlei innere Unruhe mehr und daher auch keine damit verbundenen Gedanken,
4. es gibt auch keine Mattigkeit, und schon gar keine Müdigkeit in der Meditation mehr
5. und kein bisschen Zweifel an der Meditation, am Sinn dieser Übung oder ob man es richtig macht, keine Unentschlossenheit darüber, wie ich in der Meditation arbeiten muss

und auch die drei subtilen Meditationshindernisse sind überwunden

- diese leichte Tendenz zum Sinken der Achtsamkeit in unserer Konzentration
- und auch nicht diese ganz leichte Tendenz zum Abdriften, diese Tendenz, dass irgendwelche Dinge, die wir bewusst nicht zulassen, doch noch unter der Oberfläche versuchen, durchzudringen und hochzukommen, und auch
- diese plötzlichen Eindrücke oder Bilder, die unseren Geist zwar nicht einfangen können aber doch noch für den Bruchteil einer Sekunde in unseren Sinn kommen, erscheinen nicht mehr.

So gestillt von jedwedem Hindernis ist unsere Konzentration dauerhaft ablenkungsfrei, wir Buddhisten nennen das *citt´ ekagattā*, einspitziges Verweilen beim Meditationsobjekt. Und wenn ich eben gesagt habe „dauerhaft ablenkungsfrei", so bedeutet dauerhaft vielleicht eine Viertel Stunde, es kann auch deutlich länger dauern, bis zu mehreren Tagen. Diese einspitzige Konzentration ist damit verbunden, das Meditationsobjekt ganz zu erfassen und dauerhaft im Fokus zu haben. Dabei können zunächst, also in der ersten Vertiefung, noch die beiden freudvollen Faktoren *pīti* (Begeisterung) und *sukha* (Glückseligkeit) auftreten. Außerdem kommen noch die Ausrichtung des Geistes auf das Meditationsobjekt und die geistige Beschäftigung mit dem Meditationsobjekt hinzu.

Bei noch tieferem *samādhi*, in der zweiten Vertiefung fallen diese beiden geistigen Faktoren weg, während die einspitzige Konzentration, die Begeisterung und das Glücksgefühl anhalten. Wird unser *samādhi* noch tiefer, in der dritten Vertiefung, entfällt auch diese überschäumende Begeisterung (*pīti*), während die Glückseligkeit erhalten bleibt. Und in der vierten Vertiefung schließlich überwinden wir auch *sukha*, statt dessen steigt etwas auf, was die Chinesen als „große Harmonie" (大同, Dàtóng) bezeichnen, ein Gefühl tiefen Verstehens und absoluter Unparteilichkeit, etwas, das wir als *upekkhā*, als Gleichmut, bezeichnen.[14]

Gleichmut darf dabei um Himmels Willen nicht mit Gleichgültigkeit verwechselt werden, was ein emotionsarmes Gefühl der Wurstigkeit ist. Im Gleichmut ist vielmehr das Gefühl von *metta*, das wir hier regelmäßig einzuüben bemüht sind, in vollkommener Weise vorhanden und gepaart mit neidloser Mitfreude mit dem Glück anderer und ebenso mit tiefem Mitgefühl mit allen leidenden Wesen. Es ist, so kann man sagen, ein Gefühl von *metta* mit allen Wesen, vereint mit tiefem Mitgefühl mit – sagen wir Menschen im KZ oder Hühnern in der Käfighaltung – ohne jedoch Groll gegen die SS-Männer, gegen Hitler oder die Käfighalter der Hühner und die Konsumenten von Käfigeiern zu empfinden, sondern vielmehr Mitgefühl auch mit diesen durch Verblendung leidenden, verirrten Wesen.

Jetzt haben wir einen ungefähren Eindruck davon, was *samādhi* ist. Und wenn wir im Vergleich dazu unsere eigene Meditation betrachten, werden wir vermutlich eine ungeheure Diskrepanz

---

14 Eine genaue Beschreibung der Arbeit in der Meditation befindet sich in Band 6 dieser Buchreihe.

feststellen. Bleibt also die spannende Frage: Was muss ich tun, um dahin zu kommen?

Die Antwort darauf ist erstaunlicherweise ungeheuer einfach: Man muss den Pfad der unregelmäßigen Schritte verlassen und den Pfad der regelmäßigen Schritte zu gehen beginnen. Aber was ist das, der Pfad der unregelmäßigen Schritte? Nun, ich behaupte, es ist der Pfad, den die meisten buddhistischen Praktizierenden gehen. Man kommt vermutlich hierher zu Meditation am Obermarkt, weil man sich für Meditation interessiert. Das ist verständlich und legitim, das ist der Grund, warum wir diese Einrichtung hier nicht z. B. „Buddhismus in Gelnhausen" nennen, sondern „Meditation am Obermarkt". Meditation klingt irgendwie modern, trendy, Buddhismus hingegen klingt nach Religion, und die ist öde und langweilig.

Manche Leute kommen aber vielleicht auch her, weil sie Buddhismus ganz interessant finden, weil sie denken, das ist eine von vielen Weisheitslehren. Und sehr viele Menschen wollen entweder weiser sein als sie sind oder weiser wirken als sie wirken. Und daher kommt man hierher, hört sich an, was der olle Horst zu sagen hat, und ob da die ein oder andere Anregung dabei ist, die man in sein Potpourri von Weisheits-versatzstücken aufnehmen kann. Und auch dieses euer Verlangen versuche ich irgendwie zu bedienen. Das ist der Grund, warum ich hier jede Woche einen Vortrag halte oder eine buddhistische Geschichte erzähle. Sie geben einen leichten Geschmack von Weisheit. Nun gut, jetzt untertreibe ich, diese Vorträge und diese Geschichten machen uns mit Sicherheit nicht unweiser, nicht tumber, sondern sie können uns auch wirklich graduell ein winzig kleines bisschen weiser machen.

Doch wirklich weise wird man durch meine Vorträge und Geschichten leider genau so wenig, wie ihr durch den Meditationsunterricht zu *samādhi* kommt. Nicht dass man dort nichts lernt, diese Veranstaltungen sind wirklich sehr hilfreich, genau so, wie meine Vorträge relativ hilfreich sind. Was aber wirklich ungemein weiterhelfen würde, wäre vom Pfad der unregelmäßigen Schritte zum Pfad der regelmäßigen Schritte zu kommen. Das Problem daran ist, das klingt überhaupt nicht spannend, das klingt nicht trendy, das klingt nicht sexy.

Dennoch hat der Buddha im Laufe seiner Lehrtätigkeit immer mehr Gewicht auf den Pfad der regelmäßigen Schritte gelegt, weil er gesehen hat, dass die Menschen den Pfad der unregelmäßigen Schritte viel interessanter fanden, der Pfad der regelmäßigen Schritte jedoch der zielführende ist. Und eben deshalb hatten, wenn ich das richtig in Erinnerung habe, elf der 15 größeren Lehrdarlegungen, die der Buddha in seinem letzten Lebensjahr gab, den Pfad der regelmäßigen Schritte zum Inhalt.

Dieser Pfad der regelmäßigen Schritte ist ganz leicht zu verstehen, intellektuell werdet ihr ihn gleich verstehen, in den nächsten fünf Minuten. Das Beschreiten des Pfades ist dann allerdings etwas schwieriger, aber der Pfad ist gangbar. Für jeden und jede. Er setzt weder besondere geistige noch besondere körperliche oder besondere spirituelle Fähigkeiten voraus. Allerdings benötigt man dazu einen festen Willen, man benötigt Entschlossenheit – halbherzig kann man diesen Pfad nicht beschreiten.

Es ist dies der Dreifache Pfad. (Toll was, nur drei Sachen, ganz einfach, was!) Und auf diesem Pfad wird all das gemacht, was man vermutlich auch schon macht, jedenfalls immer mal, oder zeitweise, nämlich meditieren, nämlich Weisheitslehren studieren (na ja – vielleicht konsumierst du sie auch bloß?) und ethisch richtig handeln. Aber der Dreifache Pfad hat eine entscheidende Reihenfolge, die Reihenfolge ist *sīla – samādhi – prajñā,* Ethik – Meditation – Weisheit, in genau dieser Reihenfolge.[15] Nur wenn wir unsere Ethik vervollkommnet haben, werden wir wahren **samādhi** erleben. Und nur, wenn wir in genügendem Maße **samādhi**-Einwirkungen hatten,

---

15 Die beiden ersten Abschnitte (Ethik und Meditation) sind Gegenstand der Vorträge in Band 6 dieser Buchreihe.

entfaltet sich uns die vollkommene Weisheit, steigt Erleuchtung auf.

Das heißt nun nicht, dass du nie wieder meditieren sollst, bevor du nicht ein vollkommener Tugendbold geworden bist. Und es heißt auch nicht, dass du dieses Buch jetzt in die Ecke feuern sollst und buddhistische Schriften meiden sollst wie der Teufel das Weihwasser. Aber es heißt, dass unsere – deine wie auch meine – Hauptbaustelle *sīla* (Ethik) ist, und je gefestigter diese ist, desto besser wird unsere Meditation, und erst dann sind wir auch in der Lage *sammā samādhi* zu erlangen. Und *samādhi* ist schließlich Punkt 19 auf unserem Pfad, und der ist die unmittelbare Grundlage für Punkt 20, den Einstieg in die Heiligkeit, den Übertritt vom Gravitationsfeld von *samsāra*, dem Weltlichen, ins Gravitationsfeld von *nibbāna*. Das ist das Ende des mühsamen Praktizierens, und der Beginn des heiligen, auf Glückseligkeit und *samādhi* beruhenden Lebens, das uns zur Vollkommenheit, zur Erleuchtung, zur Buddhaschaft führt.

Es geht dabei um Verhaltensoptimierung. Der Begriff Verhaltensoptimierung scheint mir unserem heutigen Sprachgebrauch angemessener als Ethik oder gar als Tugend, Moral oder Sittlichkeit. Und das obwohl es letztendlich um das Gleiche geht: wie optimiere ich mein Verhalten, um zu besserer Meditation, zu mehr Weisheit und zu dauerhaftem Glück zu kommen. Vielleicht sollte ich meine Kursangebote auch „zielgeleitete Verhaltensoptimierung" nennen, oder besser „zielinduzierte Verhaltensoptimierung". Das klingt viel zeitgemäßer als Tugend oder Sittlichkeit. Und steht damit dennoch durchaus in der buddhistischen Tradition, denn der Buddha hat nicht die Begriffe „gut" und „böse" verwendet, sondern „geschickt" und „ungeschickt". „Geschickt" ist dabei jede zielinduzierte Verhaltensoptimierung. Wobei das Ziel natürlich Vollkommenheit ist, Buddhaschaft, *nibbāna*.

Der entscheidende Punkt

yathābhūta-ñānadassana

Vortragsreihe „Evolution", Teil 10

In diesem Kapitel werde ich über den entscheidenden Schritt auf dem Pfad zur Erleuchtung zu berichten.

Ich erläuterte in den vorangegangenen Kapiteln jeweils etwas über geistige Phänomene. Anfangs habe ich darüber gesprochen, wie der unerleuchtete Geist, der Mensch des *samsāra*, der nicht oder kaum spirituell Praktizierende, handelt. Dies ist dargestellt in der Kette des Bedingten Entstehens, in den zwölf *nidānas*. Alle Taten gehen auf das Handeln des unerleuchteten Geistes zurück, daher steht *avijjā* – Unwissenheit – am Anfang dieses *circulus vitiosus*, dieses Teufelskreises, aus dem zu entrinnen uns so schwer fällt. Und so reproduzieren wir aufgrund unserer Unwissenheit, unserer Verblendung, ständig die gleichen Fehler in einer ungemein breiten Vielfalt von Variationen.

Neben unserer spirituellen Unwissenheit sind es insbesondere Verlangen und Abneigung (Gier und Hass), die uns instinktiv reagieren lassen. Das ist die Bürde der niederen Evolution, die wir in uns tragen. Der Mensch ist ein Mensch, aber er ist eben auch noch immer ein Tier. Er handelt instinktiv, er handelt triebgesteuert. Das Verlangen nach positiven Sinneseindrücken, nach gutem Essen, leckeren Getränken und Sex sowie nach Geld, das uns zur Befriedigung unserer Triebe dient, bestimmt so unseren Alltag.

Aber wir haben auch gesehen: der Mensch muss nicht animalisch-reaktiv handeln. Du bist nicht der *pawlowsche Hund*. Du hast die Chance kreativ, also nicht-reaktiv zu handeln.

Wenn uns dies immer öfter gelingt, haben wir begonnen, den Pfad der Höheren Evolution zu beschreiten. Es ist der Pfad, der im Bild auf S. 100 in Gelb eingezeichnet ist, und der aus dem Bereich von *samsāra*, von unerleuchteter Existenz weg und zu *nibbāna*, zu Vollkommenheit, zu Buddhaschaft, zu Erwachen, hinführt. In dieser Darstellung des Pfades geschieht das in zwölf Schritten, den sog. positiven *upanisās*, sich selbst verstärkende Kettenglieder, die im Bild auf S. 117 mit den Nummern 13 bis 24 bezeichnet sind. Auch im *samsāra* gab es zwölf Kettenglieder *nidānas*, allerdings zwölf zyklische Kettenglieder, *nidānas*, die uns nicht weiterführen, sondern uns im Kreis bewegen lassen.

Und in den letzten Kapiteln habe ich dann von diesen progressiven *upanisās* berichtet, von den Stufen des zwölfgliedrigen Pfades zur Vollkommenheit. Wir hatten gesehen, dass am Anfang *dukkha* steht, die Erkenntnis der Unvollkommenheit von *samsāra*. Der dringende Wunsch, dass es doch noch etwas Besseres geben muss als die Triebbefriedigung, die nur allzu oft zu Enttäuschung führt. Enttäuschung deshalb, weil wir uns vorher getäuscht hatten, weil wir dauerhaftes Glück dort gesucht hatten, wo Vergänglichkeit ist. Daher haben wir uns diese vielen Produkte gekauft: wir dachten, sie würden uns glücklich machen. Jetzt haben wir eine Ahnung davon, dass es nicht die materiellen Werte sind, die uns glücklich machen.

So entsteht in Abhängigkeit von der Erkenntnis der Unvollkommenheit *saddhā*, Vertrauen, dass es einen Pfad gibt, der zu wirklichem Glück, zu spirituellem Reichtum, zu Erwachen, zu Vollkommenheit, zum *nibbāna*, führt. Und wenn wir wirklich beginnen, das Gehen dieses Pfades in den Mittelpunkt unseres Lebens zu stellen, dann wird uns eine wahre Freude zuteil: *pāmojja*, Freude. Diese Freude über unsere Fortschritte wird sogar zu ungeheurer Begeisterung, zu überschwänglicher Wonne, zur Ekstase führen, in *pali* heißt das *pīti*. Natürlich hält diese Ekstase nicht an, das ist auch gut so, denn Ekstase, wilde

Begeisterung, ist doch eine etwas grob geartete Energie, so kommt es mit der Überwindung dieser groben Energie zu *passadhi*, zu Beruhigung.

Damit ist aber keineswegs die zugrunde liegende Freude negiert, sie ist vielmehr geläutert. Jetzt ist ein stilles Glücksgefühl unser bestimmendes Lebensmoment, es wird als *sukha* bezeichnet, als Glückseligkeit. Und wenn diese Glückseligkeit, unser bestimmendes Lebensgefühl geworden ist, dann sind wir derart ausgeglichen, dass unsere Meditationen viel tiefer, viel erfüllter werden. Mühelos tritt nun *samādhi*, wirklich tiefe Meditation auf. Es gelingt uns mühelos in die *jhyanas*, die meditativen Vertiefungen zu gelangen. Über dieses *samādhi*, ging es im letzten Kapitel. In diesem Kapitel habe ich auch eine vereinfachte Darstellung des Pfades erläutert, den Dreifältigen Pfad, den Pfad der regelmäßigen Schritte, bestehend aus *sīla*, *samādhi* und *prajñā*, aus Ethik, Meditation und Weisheit. Vollkommener *samādhi*, wirklich tiefe Meditation setzt ein hohes Maß an Ethik voraus und ist seinerseits die Grundlage für wirkliche Weisheit, Weisheit, deren vollendete Form Buddhaschaft, Erwachen, *nibbāna*, ist.

Und tatsächlich ist der nächste Schritt nach *samādhi* bereits von einem tiefen Maß an Weisheit geprägt, Punkt 20 heißt *yathabhutha-ñāna-dassana*, „Schau und Erkenntnis der Dinge, wie sie wirklich sind". Man könnte das auch als völlige Unverblendung bezeichnen. Und wir erinnern uns: Verblendung stand am Anfang unserer Betrachtung. Es war Punkt 1 in *samsāra*. Und unser verblendetes Handeln in *samsāra* hat uns immer wieder im Kreis herumgeführt, in diesem Teufelskreis, diesem *circulus vitiosus* unerleuchteten Lebens, den wir als *samsāra* bezeichnen.

Und dann hatten wir irgendwann begonnen, uns teilweise von dieser Verblendung zu befreien, hatten begonnen, nicht mehr reaktiv zu handeln, sondern kreativ, und so gelangten wir auf diesen in den Bildern grau dargestellten Pfad der spirituellen Läuterung, den Pfad der Höheren Evolution, den Pfad vom Tier im Menschen zum Buddha, dem Pfad der Emanzipation des Menschen. Und nun – an Punkt 20 – haben wir die Verblendung ganz überwunden, wir haben Erkenntnis und Schau der Dinge, wie sie wirklich sind, wir haben *yathabhutha-ñāna-dassana* erreicht, wir haben uns von der Verblendung vollkommen emanzipiert, sie hat jetzt keine Macht mehr über uns. Damit sind wir *samsāra*, diesem sich ewig drehenden Rad unerleuchteten Handelns völlig entwischt.

Bislang waren da immer noch Elemente von Verblendung in uns, jetzt ist das überwunden. Und es ist nicht nur zeitweilig überwunden, sondern endgültig. Wer die Dinge erkennt und sieht, wie sie wirklich sind, wird diese Sicht nicht mehr verlieren, er oder sie hat sich damit wirklich aus dem trieb- und instinktgesteuerten Tierreich emanzipiert. Bislang unterlagen wir immer noch einem bestimmten Maß an Verblendung, und damit war bis zum Punkt 19 noch ein zeitweiliges oder dauerhaftes Rückfallen in die Verstrickungen von *samsāra* möglich. Zumindest ein dauerhafter Rückfall ist nun nicht mehr möglich.

Traditionell wird dieser Punkt in den buddhistischen Schriften als *Stromeintritt* bezeichnet, und wer diesen Punkt erreicht hat, als ein oder eine Stromeingetretene, als *sotāpanna*. Das Wort Stromeintritt ist dabei eine Metapher: so wie ein Gegenstand, der vom Ufer weg in die Strömung eines Flusses gelangt von diesem Strom mitgetragen wird, bis er schließlich im weiten Ozean landet, so wird auch der oder die Stromeingetretene von der Strömung selbst ohne weitere Bemühung getragen und schließlich zur Erleuchtung, zu Vollkommenheit, gelangen. Worin der Unterschied zwischen dem Stromeintritt und der vollen Erleuchtung besteht, darüber werde ich in den nächsten Kapiteln berichten, offensichtlich gibt es ja noch die Stufen 21 bis 24.

Sehen wir uns also den Stromeintritt noch etwas genauer an. Mein Lehrer *Sangharakshita* verwendet eine etwas andere Metapher als den Eintritt in einem Strom. Das liegt daran, dass er nicht in der Antike in Indien lebte, sondern ein Kind des 20. Jahrhunderts ist, einer Zeit in der sich der Mensch anschickte, ein ähnlich kühnes Unterfangen wie den Pfad zur Erleuchtung zu beschreiten: die bemannte interstellare Raumfahrt. Er vergleicht daher *samsāra* und *nibbāna* mit zwei Himmelskörpern. Und wenn wir uns von einem Himmelskörper zu einem anderen – sagen wir von der Erde zum Mond – bewegen, so wirkt zunächst das Gravitationsfeld des Planeten Erde sehr stark. Ebenso befinden wir uns auch auf dem Pfad zur Erleuchtung von Punkt 13 bis 19 noch immer im Gravitationsfeld des Planeten *samsāra*. Erst bei Punkt 20 geraten wir stärker in das Gravitationsfeld des anderen Himmelskörpers, und dieser ist in der Lage uns anzuziehen, uns in Richtung auf dieses Ziel hin zu beschleunigen.

Und dieser Punkt 20, der Stromeintritt ist es, der alle wirklich praktizierenden Buddhisten begeistert. Denn dies ist etwas, was in einem menschlichen Leben erreichbar ist. Wir können uns in diesem Leben soweit emanzipieren, dass wir Stromeintritt. Sollten wir in einem völlig anderen, absolut unspirituellen Umfeld wiedergeboren werden: wir können dennoch nicht zurückfallen. Wir sind auf dem Weg zur Erleuchtung und werden das Ziel in relativ kurzer Zeit erreichen, der Buddha sagt: binnen sieben Leben. Das bitte ich nicht allzu wörtlich zu nehmen, denn offensichtlich bedient sich der Buddha hier der Metapher der heiligen Zahl sieben, was einerseits bedeutet, dass es sich um etwas spirituell Wichtiges handelt und andererseits für eine kleine überschaubare Anzahl steht.

Und auch wenn der Begriff *Stromeintritt* im *Mahāyana*-Buddhismus praktisch nicht verwendet wird, geht es auch dort um genau dasselbe. Hier spricht man vom Aufsteigen des *Bodhicitta*, des endgültigen Erleuchtungsgeistes. Ich möchte an dieser Stelle nicht auf die philosophischen Unterschiede zwischen den beiden Begriffen eingehen, das halte ich im Moment nicht für hilfreich. Mir geht es um die buddhistische Praxis, nicht um philosophische Theorie.

Zwei andere Dinge erscheinen mir daher an dieser Stelle wichtiger, nämlich einmal, durch welche Bedingungen erreicht man diesen Punkt, und zum anderen, welche typischen Merkmale hat jemand, der diesen Punkt erreicht hat.

Zu den Bedingungen, die zur *yathabhutha-ñāna-dassana* führen, gehört natürlich einmal das Beschreiten des Pfades der regelmäßigen Schritte, den ich beim letzten Mal erläuterte. Dieser Punkt ist schließlich von *prajñā*, von Weisheit, gekennzeichnet, und die Voraussetzungen von *prajñā* sind *sīla*, Ethik, und *samādhi*, tiefe Meditation, wobei *samādhi* wiederum ein ethisch gefestigten Lebenswandel voraussetzt. Einzelheiten über diesen Pfad habe ich in einem Kurs mit dem schönen Titel „zielinduzierte Verhaltensoptimierung" dargelegt.[16]

Eine weitere Voraussetzung für Erreichen dieses Punktes ist natürlich, dass man diesen Pfad geht. Die Zwischenetappen des Pfades, die Punkte 13 bis 19 (vgl. S. 90), habe ich bereits beschrieben.

In der zehnten Lehrrede des dritten Teils der *Digha Nikaya,* das ist die Sammlung der längeren Lehrreden des Buddha, erläutert dieser insgesamt vier wichtige Voraussetzungen, um *yatha-bhutha-ñāna-dassana* zu erreichen, es sind dies im einzelnen

1. Umgang mit edlen Menschen,
2. Hören der edlen Lehre,
3. weise Erwägung und,
4. ein Wandel gemäß der Lehre.

---

16 Dieser Kurs ist Grundlage von Band 6 dieser Buchreihe.

Der letzte Punkt „Wandel gemäß der Lehre" ist der Bereich der Ethik. Unter Wandel versteht man das ganze unser Leben bestimmende Verhalten. Nun kann man fragen, warum der Buddha dieses als letzten Punkt aufführt, obwohl wir doch gehört haben, dass es das grundlegende Fundament des Pfades der regelmäßigen Schritte, des Edlen Dreifältigen Pfades ist. Dies liegt daran, dass man eine bestimmte Ethik erst einmal kennen muss, bevor man sie umsetzen kann. Sehen wir uns daher diese vier Punkte in der vom Buddha genannten, sinnvollen Reihenfolge an.

Als erstes nennt der Buddha den "Umgang mit Edlen Menschen". Das ist ganz wichtig. Unser soziales Umfeld bestimmt unser Denken und Handeln mit. Entscheidend ist also, dass wir uns nicht mit niedrigeren, gemeineren, samsarischeren Menschen umgeben, sondern die Gesellschaft derer suchen, die spirituell auf dem Pfad sind, vielleicht spirituell fortgeschrittener sind als wir. Das müssen nicht unbedingt Buddhisten sein. Spirituell orientierte, spirituell erfahrene Menschen gibt es in den verschiedensten spirituellen Richtungen. Es bedeutet also, dass man sich auf die Suche gemacht hat nach spirituell engagierten Menschen. Hier wird man unterschiedliche Dinge hören, hat Gelegenheit unterschiedliche Ansätze zu prüfen. Es ist dies typisch für die Phase des religiös-spirituellen Suchens. Dies ist ein wichtiger Schritt, aber zum Ziel des Buddhismus, zum *nibbāna*, führt natürlich letztendlich nur eine entsprechende Praktik.

Daher kommt man zum nächsten Punkt „Hören der Edlen Lehre". Das ist etwas, in dessen Genuss ihr bereits seid. Ihr lest im Moment gerade die Edle Lehre, den *Dharma*. Das bedeutet aber nicht, dass der erste Punkt für euch nicht wichtig ist. Fortschritte werdet ihr nur machen, wenn ihr weiterhin die edle Lehre hört und Umgang mit edlen Menschen habt. Euer täglicher Umgang, euer Freundeskreis, eure Familie, euer berufliches Umfeld beeinflusst euch, und es ist wichtig zu analysieren, in wieweit du hier Umgang mit edlen Menschen pflegst oder inwieweit dein soziales Umfeld kontraproduktiv ist.

Nehmen wir also an, du hättest einen Umgang mit mehrheitlich edlen Menschen und ihr würdest auch gelegentlich in ein buddhistisches Buch schauen. Was dann?

Nun, der nächste Punkt ist „weises Erwägen". Es langt also nicht, die Lehre zu hören. Sondern sie muss auch wirklich in unserem Geist und in unserem Herzen ankommen. Das wird im Buddhismus mit dem Dreiklang „Hören – Reflektieren – Meditieren" bezeichnet. Nach dem Hören kommt also das Reflektieren, das man auf zwei Arten machen kann: alleine darüber nachdenken, also wenn du heute oder morgen darüber reflektierst, was du in diesem Buch gelesen hast, und es vielleicht ein zweites Mal durchliest, um die Einzelheiten genauer mitzubekommen. Bei den Kursen und Veranstaltungen bei „Meditation am Obermarkt" dient dem natürlich auch die Gesprächsrunde, die wir hier immer nach den Vorträgen einlegen. Und der dritte Begriff dieses Dreiklanges ist Meditation. Wenn wir etwas gehört haben, wenn wir intensiv darüber reflektiert haben, dann wird sich in der Meditation das Gehörte und Reflektierte tiefer in uns verwurzeln, und zwar ohne dass wir in der Meditation darüber nachdenken. Das Reflektieren kommt vor dem Meditieren. „Hören – Reflektieren – Meditieren" ist übrigens der übergeordnete Titel unserer montäglichen Reihe von Studienkursen bei „Meditation am Obermarkt". Das bedeutet, wenn man diese Kurse belegt, hat man alle bisher genannten drei Voraussetzungen für den Stromeintritt, nämlich (1.) Umgang mit Edlen Menschen (die sammeln sich nämlich dort an), (2.) Hören der Edlen Lehre und (3.) (gemeinsames) weises Erwägen.

All das sind notwendige Bedingungen. Aber in der Wissenschaft kommt zu den notwendigen noch die hinreichende Bedingung dazu, um ein Ziel zu erreichen. Nur mit den drei notwendigen

Bedingungen allein können wir gebildet werden, aber nicht wirklich weise. Die hinreichende Bedingung aber ist der „Wandel gemäß der Lehre". Die hinreichende Bedingung ist Ethik. Die hinreichende Bedingung ist <u>zielinduzierte Verhaltensoptimierung</u>.

Wodurch aber zeichnet sich eine Person aus, die Erkenntnis und Schau der Dinge, wie sie wirklich sind, erreicht hat. Es sind drei Merkmale, die sie erreicht hat, drei Fesseln, die sie überwunden hat:

- er oder sie hängt nicht mehr an Regeln und Riten um ihrer selbst willen
- er oder sie hegt keinen Zweifel mehr daran, dass dieser Pfad zielführend ist
- er oder sie hat den Persönlichkeitsglauben aufgegeben, das heißt er oder sie sieht sich nicht mehr als eine abgetrennte Entität an, glaubt nicht mehr an einen unveränderlich Wesenskern in sich und hat die gedanklichen Mauern zwischen Ich und Ander eingerissen.

Das heilige Leben

die letzten Schritte auf dem Weg zur Erleuchtung

Vortragsreihe „Evolution", Teil 11

Wir haben uns in den Kapiteln sehr häufig mit dem Weg zur Erleuchtung befasst. Wir haben zunächst gesehen, dass unsere von spiritueller Unwissenheit verblendete Sichtweise uns immer wieder im Teufelskreis von *samsāra*, von normalem unerleuchteten Leben, kreisen lässt. Dabei findet die kleine Wiedergeburt, redundant-fehlerhaftes Verhalten, das uns täglich die immer gleichen Fehler in tausendfacher Abwandlung wiederholen lässt, beständig statt. Das ist genau das, was auf dem Bild auf S. 48 dargestellt ist.

Wir haben dann gesehen, dass uns das Loslassen unserer verhängnisvollen Gewohnheit, animalisch-triebgesteuert zu reagieren, und statt dessen kreativ, schöpferisch, zu handeln, auf den Pfad der *Höheren Evolution* führt, der in unseren Bildern gelb dargestellt ist. Wir haben gesehen, wie die Erkenntnis der Unvollkommenheit und der Leidhaftigkeit von *samsāra* zu Vertrauen in eine Alternative, eben in den Pfad, den der Buddha aufgezeigt hat, führen kann. Wir haben weiter gesehen, wie sich auf diesem Pfad verschiedene Arten der Freude entwickeln, die (bei Punkt 18 auf S. 94) schließlich zum Zustand der Glückseligkeit (*sukha*) führen. Wir haben gesehen, wie im Zustand der Glückseligkeit unsere Meditation eine neue Qualität gewinnt und zu *samādhi*, zu tiefer beglückender Meditation, wird. Und wir haben schließlich gesehen, wie in Abhängigkeit vom Beschreiten des Pfades und auf der Basis von *samādhi* tiefes Verstehen aufsteigt, *yathābhūta-ñānadassana*, Schau und Erkenntnis der Dinge, wie sie wirklich sind.

Damit ist man zum **sotāpanna**, zum Stromeingetretenen, geworden, einer den der Buddha *arya puggala*, einen edlen Menschen, nennt. Man kann das auch als erste Stufe der Heiligkeit bezeichnen. Man ist allerdings an dieser Stelle – an Punkt 20 auf unserer Liste (S. 94) – noch nicht völlig erleuchtet. Man hat die ersten drei Fesseln überwunden, wie es im buddhistischen Sprachgebrauch heißt, es sind dies

> (1) Hängen an Regeln und Riten um ihrer selbst Willen,
> (2) Zweifelsucht oder Unentschlossenheit und
> (3) Persönlichkeitsglauben,

das ist es eben, was den Stromeintritt ausmacht. Noch nicht völlig überwunden hat man hingegen sieben weitere Fesseln (sinnliches Begehren, Begehren nach Feinkörperlichkeit, Begehren nach Unkörperlichkeit, Dünkel, Aufgeregtheit, Groll und Unwissenheit). Eine Person, die alle diese zehn Fesseln durchbrochen hat, kann man als eine/n Buddha bezeichnen. Und wenn wir das Bild auf S. 118 betrachten, so sehen wir auch, dass es nach dem **Stromeintritt**, wie es die Vertreter des **Theravāda** nennen, oder nach dem Aufgehen des **Bodhicitta**, wie die Anhänger des **Mahāyana** diesen Punkt bezeichnen würden, vier weitere Schritte auf dem Pfad zur Erleuchtung gibt, nämlich *nibbida*, **virāga**, *vimutti* und *asavakkhaya-ñāna* – und genau diese vier Schritte sind Gegenstand dieses Kapitels.

Nibbida (pali) bzw. *nirveda* (sanskrit) wird traditionell mit Abscheu oder Rückzug bezeichnet. Den Ausdruck Abscheu halte ich in diesem Fall jedoch nicht für angemessen, denn Abscheu ist meist ein reaktives Verhalten. **Nibbida** basiert jedoch auf Einsicht und ist ein kreatives, kein reaktives Verhalten. Daher ist „Rückzug" der bessere deutsche Terminus. Wenn wir eines Tages nicht mehr die Spiele der Fußballweltmeisterschaft im Fernsehen betrachten, dann geschieht dies wohl nicht, weil wir Fußball so abscheulich finden, sondern weil uns andere Dinge wichtiger sind und uns das Betrachten der WM im Vergleich dazu als Zeitverschwendung vorkommt. Wir ziehen uns also von etwas zurück, weil wir etwas Besseres haben. (Der Umkehrschluss, wer die Fußball-WM nicht schaut, müsste dann wohl ein Stromeingetretener sein, ist natürlich unzulässig.)

Noch besser als der Ausdruck „Rückzug", der möglicherweise auch eine Assoziation an enttäuschtes Sich-Zurückziehen haben könnte, ist meines Erachtens „gelassene Abkehr". Diese Abkehr ist dabei <u>kein</u> Abwenden von menschlichen oder anderen Wesen, denn gleichzeitig existiert aktives Mitgefühl (*karuna*) mit allen fühlenden Wesen. Man kann sogar sagen, dass gerade diese Qualität des Mitgefühls, dieses *karuna* in Verbindung mit der gelassenen Abkehr die Beschreibung eines *Bodhisattva* ausmacht, dass beides zusammen also Kennzeichen von *Bodhicitta* sind. An dieser Stelle wird einmal mehr deutlich, dass der Pfad zur Erleuchtung zwar ein Pfad von *samsāra* weg ist, aber alles andere als Eskapismus, denn derjenige oder diejenige, welche diesen Pfad geht, stiehlt sich nicht aus der Verantwortung.

Virāga (pali) bzw. *vairagya* (sanskrit) ist der Schritt, der auf *nibbida* logischerweise folgt bzw. ganz eng mit ihm einhergeht. *Rāga* hießt Gier; bei *virāga* geht es also um die Freiheit von Gier. Weitere Übersetzungen für diesen Terminus sind Gierlosigkeit, Entfärbung, Verblassung, Loslösung, Schwinden, Erlöschung. Und gerade wenn wir die beiden letzten Begriffe (Schwinden und Erlöschung) betrachten, zeigt sich, dass es zwei Arten oder auch zwei Stufen von *virāga* gibt: zum einen das Dahinschwinden, also die Minderung, und zum anderen die restlose Erlöschung. Wenn wir bei den positiven *Vorsätzen* rezitieren, dass wir uns „Mit Stille, Schlichtheit und Genügsamkeit" läutern, dann zeigt sich hierin eine Übung, die auf *virāga* abzielt. Man kann daher *virāga* auch als "gelassene Stille" bezeichnen oder, wenn man so will, als "Leidenschaftslosigkeit".

Im Mythos von der Erleuchtungserfahrung des Buddha enthält zwei gute Beispiele für diese Leidenschaftslosigkeit. Da wird beschrieben, dass *Mara*, der Versucher, an den Buddha herantritt und ihn mit seinen Heerscharen zu attackieren gedenkt. So tauchen zunächst alle möglichen Kämpfer und Dämonen auf, die den Buddha mit unterschiedlichsten Waffen attackieren, die Pfeile und Felsen auf ihn schleudern, um in ihm Wut, Zorn, Groll und Aggressivität aufsteigen zu lassen.

Aber der in dieser Nacht zum Buddha erwachende Prinz *Siddharta* hat alle diese Leidenschaften überwunden. Er übt stattdessen die *metta bhāvanā* und wandelt somit alle die auf ihn eindringenden Waffen, Pfeile und Felsen in einen Blütenregen um. *Mara*, der Versucher ist beeindruckt, aber er hat noch eine weitere Geheimwaffe in der Hinterhand, er will auf den einzigen stärkeren Trieb im Menschen als die Aggression abheben, und so schickt er seine Töchter zu dem Meditierenden. Und *Maras* Töchter erscheinen nackt vor *Siddharta* und tanzen ihre verführerischsten Tänze. Und auch der Name von *Maras* Töchtern ist uns überliefert, sie heißen Genuss, Lust und Leidenschaft.

Doch der erwachende Buddha sitzt mit halbgeschlossenen Augen da und lässt sich von Genuss, Lust und Leidenschaft nicht anmachen. Er verweilt in der gelassenen Stille der Leiden-schaftslosigkeit. Ich glaube es ist genau diese Haltung, auf die der bekannte Thai-Mönch Santikaro Bhikkhu abhebt, wenn er seine E-Mails gewöhnlich mit dem Gruß „keep cool" beendet.

Und um hier auch den *Mahāyana*-Zugang zu diesem Pfad zu erwähnen. Es ist das Wissen um *Śūnyatā*, um Leerheit, das *virāga* möglich macht.

In einem seiner bekanntesten Sprüche erläutert der Buddha bezüglich seiner Lehre: „Wie der weite Ozean nur einen einzi-gen Geschmack hat, den Geschmack des Salzes, so hat auch diese Lehre nur einen einzigen Geschmack, den Geschmack von Freiheit." Die Freiheit, von der der Buddha da spricht, ist *vimutti* (pali) (sanskrit: *vimukti*), was man auch mit Befreiung oder Erlösung übersetzen kann, das vorletzte *upanisā*.

Das *Theravāda* unterscheidet zwischen zwei Arten von *vimutti*, nämlich der Gemütserlösung und der Wissenserlösung Die Gemütserlösung (*ceto-vimutti*) hat der Arahat im „Pfadmoment der Arahatschaft" (also indem er die Arahatschaft, Heiligkeit, anstrebt) hierbei sind die vier **brahma viharas** (*metta* – Wohlwollen, *muditā* – neidlose Mitfreude, *karuṇa* – Mitgefühl und *upekkhā* – Gleichmut) aktiv. Wissenserlösung (*panna-vimutti*) hingegen hat er im Fruchtmoment der Arahatschaft, im *arahatta phala*, der gleichbedeutend ist mit dem Hellblick, wobei man Hellblick definieren kann als den Punkt 20 unseres Pfades (*yathabhutha-ñāna-dassana*) plus **virāga** plus den **brahma viharas**.

Interessant ist natürlich auch die Frage, wovon man frei ist. Nun, erstens ist man frei von **samsāra**. Und schließlich ist man gewissermaßen frei von **samsāra** und **nibbāna**, denn die beiden bilden ja eine Dualität, und wer völlig frei ist, der ist auch frei vom Dualismus; im Nondualismus jedoch existieren die Gegensätze **samsāra** und **nibbāna** nicht. Das Reich des Nondualismus wird auch als **Śūnyatā** (Leerheit) bezeichnet. Diese Leerheit kann in verschiedenen Stufen erkannt werden. Das ist zwar alles andere als leicht zu verstehen, aber ich möchte es der Vollständigkeit halber nicht unerwähnt lassen.

Daher in aller Kürze:

1. **samskrta-sūnyatā** – das ist die am einfachsten zu verstehende Stufe. Sie ergibt sich aus der Kausalität, der Bedingtheit. Da zu den Merkmalen von Leerheit auch gehört, dass sie keinerlei Bedingungen hat, ist Leerheit leer von allem Bedingten.

2. **asamskara-sūnyatā** – da Bedingtes und Unbedingtes eine Dualität bilden, muss, was völlig leer ist, auch leer vom Unbedingten sein, andernfalls wäre es ja vom Unbedingten bedingt. Diese beiden Ebenen kennt auch

das *Hinayana*, doch das *Mahāyana* nimmt zwei weitere Ebenen hinzu, nämlich

3. **mahāsūnyatā** - die Leerheit ist nicht nur leer von Inhalten, sondern auch der Begriff der Leerheit ist ebenso gehaltslos; dies wird in den *prajñāparamitrasuttas* des *Mahāyana* dargestellt.

4. **sūnyatā-sūnyatā** – dies ist die höchste Stufe der Leerheit. Da Leerheit leer von allem ist, muss sie auch leer von Leerheit sein, also eine Leerheit der Leerheit, was im *Mahāyana* am deutlichsten im *Vimalakirtinirdessa* ausgedrückt wird, nämlich durch *Vimalakirtis* **donnerndes Schweigen**.

Keine Angst – all das muss man nicht philosophisch durchdringen, um den Dharma zu praktizieren. Das ganz Entscheidende ist, dass man erkennt, wo man ist, und wie man daran arbeiten kann, weiter zu kommen.

Einen Punkt gibt es aber noch auf dem Pfad zur Vollkommenheit, den letzten Punkt auf der Evolution vom Tier über den Menschen zum Buddha. Dieser Punkt heißt *asavakkaya-ñāna*, Wissen um die Zerstörung der *āsavas*. Bevor wir uns dem Begriff der *āsavas* in aller gebotenen Kürze zuwenden, können wir jedoch den Begriff *asavakkaya-ñāna*, Wissen um die Zerstörung der *āsavas* durchleuchten. Er bedeutet offensichtlich, (1.) dass diese *āsavas* zerstört sind und (2.) dass man das weiß. Und *āsavas* sind, wie ihr sicher schon vermuten werdet, wie alles, womit wir uns in letzter Zeit beschäftigen, geistige Phänomene, es sind genauer gesagt Triebe. Das heißt also, wer diesen Pfad bis zum Ende geht, hat die *āsava* zerstört und er oder sie weiß, dass sie das getan hat. Es gibt je nach Zählung drei oder vier *āsavas*:

1. *kamāsava* – hierunter wird der Sinnlichkeitstrieb verstanden

2. *bhavāsava* – der Daseinstrieb, dieser lässt uns am Leben hängen, nach Wiedergeburt streben - und in seiner Variante als *abhavāsava* nach Tod und Nicht-wiedergeburt streben
3. *avijjāsava* – das ist der Unwissenheitstrieb; je mehr wir wissen, desto komplexer wird die Realität, daher verdrängen die Wesen viele Aspekte der Realität und machen sich so eine vereinfachte Welt mit einfachen Lösungen
4. *ditthāsava* – dieser wird in den Aufzählungen mitunter weggelassen, es ist der Ansichtstrieb, wenn man so will, eine Variante des Unwissenheitstriebes: aufgrund einer Ansicht, zu der ich mich bekenne, verneine ich die anderen Ansichten und vereinfache so meine Welt. Wir kennen ihn in der Geschichte des 20. Jahrhunderts z. B. als institutionalisierten Totalitarismus.

In unserem Gelnhäuser Meditationsraum ist auch ein Bild der **Grünen Tara** – und zwar rechts neben dem Dharmacakra (S. 84), links davon ist Manjusri (S. 39) abgebildet. Die beiden stehen für die Hauptaspekte von Erleuchtung: Weisheit (Manjusri) und Mitgefühl (Tara). Was Tara mit Amoghasiddhi zu tun hat, erfahren wir im folgenden Kapitel.

Amoghasiddhi

Vortragsreihe „Evolution", Teil 12

In diesem Buch habe ich die einzelnen Phänomene der zwölf *nidānas* und der zwölf *upanisās* besprochen, also den vierundzwanzig Begriffen, die die Entwicklung vom Tier zum Buddha beschreiben.

Nachdem wir inzwischen mit der Besprechung der 24 Kettenglieder des Entstehens durch sind, also sowohl mit den zwölf zyklischen *nidānas*, die unser Gefangensein im Reiz-Reaktionsschema, im Hamsterrad des täglichen Lebens beschreiben, als auch mit den zwölf progressiven *upanisās*, die den Pfad zur Erleuchtung, zu Vollkommenheit, zu *nibbāna*, zur Buddhaschaft aufzeigen, möchte ich nunmehr auf einen der archetypischen Buddhas zu sprechen kommen, nämlich auf *Amoghasiddhi*, den grünen Buddha des Nordens.

Wenn wir uns *Amoghasiddhi* auf dem Bild auf S. 100 ansehen, so stellen wir fest, er befindet sich im *Mandala* der fünf *jinas* genau dort, wo der Pfad zur Erleuchtung in dieses *Mandala* führt (rechts). Und das habe ich nicht von ungefähr so gemalt, es hat vielmehr eine gewichtige Bedeutung. Jeder dieser *jinas* stellt ja eine bestimmte Eigenschaft, einen bestimmten Aspekt von Buddhaschaft dar. Eine bestimmte Eigenschaft, die dazu führt, dass man befähigt ist, Erleuchtung zu erreichen. Es ist eine Eigenschaft, die alle Wesen, insbesondere alle Menschen haben, auch wenn sie bei den verschiedenen Leuten sehr unterschiedlich entwickelt ist.

Der Aspekt, den *Amoghasiddhi* verkörpert, ist die Fähigkeit, sich zu entwickeln, die Fähigkeit zu evolvieren, die Fähigkeit sich zu emanzipieren. Evolution trägt das Streben nach Höherem, nach Vollkommeneren in sich. Und die höchste Stufe der

Entwicklung, der Evolution, ist die Entwicklung des Menschen aus dem gewöhnlichen Dasein, aus dem Hamsterrad des *samsāra*, aus dem animalischen Reiz-Reaktions-Muster hinaus zu etwas Höherem, zur Evolutionsstufe über dem Menschen, zum Durchbruch zu Buddhaschaft.

Und genau diese uns innewohnende Fähigkeit – häufig auch als **Buddhanatur** bezeichnet – ist es, die *Amoghasiddhi* symbolisiert. Und deswegen sitzt er in diesem Mandala genau dort, wo der Pfad, wo der auf dem Pfad Emporschreitende, ins **Mandala** der Vollkommenheit eintritt, wo er gewissermaßen den Durchbruch in eine höhere Dimension schafft, wo er oder sie zum Buddha wird.

Das Wort *Amoghasiddhi* bedeutet übrigens „unfehlbarer Erfolg" oder „ungehinderte Vollendung" und so symbolisiert auch dieses Wort, dieses Sprachzeichen, den Durchbruch zur Buddhaschaft. Wenn man zu etwas durchbrechen will, den Durchbruch schaffen will, dann braucht man dazu neben Tatkraft und Mut auch die entsprechenden Mittel, die entsprechenden Werkzeuge.

Solche Werkzeuge höherer Wesen finden wir in den Mythologien aller Völker, in den Göttersagen der Antike in den unterschiedlichen Kulturen. In der griechischen Mythologie hat die größte Kraft der Blitze schleudernde Zeus und eben diese Blitze sind seine Waffen im Kampf. In der germanischen Mythologie hat die stärkste Waffe jener germanische Gott, dessen Namenstag wir donnerstags feiern, es ist Donar, der bei den Nordgermanen Thor heißt, wieso der Donnerstag in Schweden Thorsdag heißt und die Angelsachsen ihn Thursday nennen.

Und die Waffe dieses Gottes ist natürlich Thors Hammer, der Hammer des Donnergottes. In der indischen Mythologie ist diese größte Kraft, dieses stärkste Werkzeug der *Donnerkeil*, der **vajra** (von dem wir ein Modell auf unserem Schrein liegen haben). Und es ist dieses Instrument, das einer ganzen buddhistischen Schule, dem *Vajrayana*, also der Richtung, der auch der Dalai Lama angehört, seinen Namen gegeben hat.

Und wenn wir uns das Attribut ansehen, das *Amoghasiddhi* in Händen hält, so ist es eine spezielle Variante dieses *vajra*, es ist der Doppelvajra (Bild unten), also etwas noch stärkeres als die stärkste Kraft des Universums. Wir sehen in *Amoghasiddhis* linker Hand diesen Doppelvajra, dieses geheimnisvoll mächtige Symbol zweier gekreuzter *vajras*. Und wenn ich sage, diese *vajras* seien gekreuzt, so bemerken wir dabei eventuell auch eine Verbindung zu einer anderen Mythologie, nämlich zum christlichen Kreuz.

Während die normalen römischen Hinrichtungsbalken ja eher T-förmig waren, wird der Tod Chrsti immer an einem Kreuz dargestellt, denn dem Querbalken, den wir ja auch aus unserer Zeichensprache kennen, vom Durchfahrt-Verboten-Schild, vom

Stoppzeichen der alten Vorkriegsampeln und heutigen Straßenbahnampeln oder dem Durchfahrtverbotszeichen der verkehrsregelnden Polizisten, wird beim Kreuz dadurch durchbrochen, dass ein senkrechter Balken himmelwärts geht und eben nicht wie beim T am Querbalken endet, sondern diesen durchbricht. So soll auch das christliche Kreuz den Durchbruch zum Reich Gottes und nach christlicher Überzeugung eben die Errichtung des Reiches Gottes auf Erden symbolisieren.

Und die entsprechende Symbolik haben wir auch in dem gekreuzten *vajra*, auch hier erfolgt der Durchbruch zu einer qualitativ ungemein höheren Ebene, der Ebene der Vollkommenheit, zur Buddhaschaft, zum *nirwana*, dem Reich des Nicht-Wähnens. Hier vollendet sich die Evolution eines Wesens, hier hat sich der Mensch aus seiner Bedingtheit emanzipiert und ist zum Buddha geworden.

Und natürlich ist das für uns etwas Unbekanntes, etwas Rätselhaftes, etwas, das uns vielleicht Angst einjagen kann. Und wie hilft uns Amoghasiddhi dabei? Nun, die Hilfe, die er uns bietet, sehen wir in der *mudra*, in der Geste, die er mit seiner rechten Hand ausführt, es ist die *abhaya-mudra*, die Geste des Gebens der Furchtlosigkeit. Eine der höchsten Tugenden eines *Bodhisattva*, eines Erleuchtungswesens, ist, dass er jedem das gibt, wonach er bedarf. Als vielleicht wichtigste Gabe gilt dabei die Gabe der Furchtlosigkeit. Und genau die gibt *Amoghasiddhi*, er ermutigt uns, den Pfad zu beschreiten, bis ans Ende. Ja, wir werden uns dabei so verändern, dass plötzlich alles anders ist, dass wir die Dinge sehen, wie sie wirklich sind, gerade so, als würden wir aus einem verrückten Traum aufwachen.

Bodhi heißt Erwachen, ein *Buddha* ist ein Erwachter, und *Amoghasiddhi* ermutigt uns, wirklich zu erwachen, den Dingen in die Augen zu sehen. Auch dies übrigens eine Darstellung, derer sich auch das Christentum bedient. Der Ausdruck: „Fürchtet euch nicht!" ist der Satz, den das Evangelium Jesus so häufig wie keinen anderen in den Mund legt, insgesamt nicht weniger als zwanzig Mal!

Und ebenso wie in Lukas 2,10 ruft uns *Amoghasiddhi* zu: „Fürchtet euch nicht, denn ich verkünde euch große Freude!" allerdings gibt es auch einen Unterschied zum Lukas-Evangelium, dort wird nämlich der Grund dieser Freude genannt, es heißt dort: „Heute ist euch der Retter geboren, er ist der Messias, der Herr". Im Christentum ist es also eine äußere Person, die Rettung bringt. Im Buddhismus ist es die Ermutigung: „Du kannst es selbst schaffen. Der Buddha war ein Mensch, so wie wir Menschen sind. Was der Buddha erreicht hat, das kannst auch du erreichen."

Es liegt also in deiner Hand. Das wird auch deutlich, wenn wir uns eine Gruppe von mythologischen Figuren des Buddhismus betrachten, als deren Oberhaupt *Amoghasiddhi* gilt, es ist die *Karma*-Familie oder auch Tat-Familie. Denn durch dein Handeln mit Körper, Rede und Tat kannst du dich verwandeln, und das ist ja die eigentliche Bedeutung vom *Karma*: Handeln, ethisches Handeln. Eine andere Figur aus dieser *Karma*-Familie befindet sich übrigens auch in unserem Gelnhäuser Meditationsraum und ist auf S. 150 abgebildet. Man erkennt sie daran, dass sie, wie *Amoghasiddhi*, grüne Haut hat. Es ist die **Grüne Tara**, die so dargestellt wird, als wäre sie gerade am Aufstehen, man beachte nur ihr rechtes Bein, mit dem sie sich gerade aus der Meditationshaltung erhebt, um den Wesen aktiv zu helfen. Die rechte Hand hat sie in der **varada-mudra**, der Geste der Wunschgewährung, und in dieser Hand hält sie (zumindest auf vielen Abbildungen) auch einen Doppel-**Vajra**, mitunter auch als Tattoo.

Abschließend möchte ich euer Augenmerk noch auf etwas lenken, das man auf dem Bild von *Amoghasiddhi* gar nicht sehen kann, weil ich es nicht mit aufgemalt habe. Es sind die Tiere, die den Thron *Amoghasiddhis* tragen. Was aber sind die Tiere Amoghasiddhis?

Nun, es sind *Garudas*. Vielleicht kennt ihr keine *Garudas*. Das ist nur allzu verständlich, es sind mythologische Tiere, ein bisschen, wie der bayerische Wolpertinger, allerdings mit einem viel tieferen Symbolgehalt. So wie die griechischen Zentauren halb Pferd, halb Mensch sind, so sind die *Garudas* Vogelmenschen, deren Unterkörper einem kräftigen Vogel gleicht, der Oberkörper hat aber menschliche Gestalt. Sie zeigen also gewissermaßen den Durchbruch von der Evolutionsstufe des Tieres zu der des Menschen an. Und genau um einen entsprechenden Durchbruch geht es auch hier, am Ende des Pfades, dem Durchbruch von der Evolutionsstufe des Menschen zu der des Buddha, der endgültigen Emanzipation des Menschen aus dem Bereich der niederen Evolution, dem Durchbruch zur Vollkommenheit. Diese *Garudas* halten in ihren Händen Zimbeln, Klanginstrumente, mit denen sie den Durchbruch freudig begrüßen, die laute Töne machen, die Erwachen symbolisieren.

Und genauso wie Amoghasiddhi möchte ich dir am Ende dieses Buches, am Ende des Evolutionskurses, am Ende der Darstellung des Pfades zur Vollkommenheit zurufen: Fürchte dich nicht! Der Pfad ist dargelegt, er ist gangbar, dir stehen große Veränderungen bevor, der Durchbruch ist möglich. Und ebenso wie sich die Menschheit aus dem Tierreich emanzipiert hat und damit eine völlig neue Qualität erreicht hat, so kannst auch du dich auf eine höhere Entwicklungsstufe hocharbeiten – und du wirst nie wieder so etwas spirituell Armseliges, so etwas Verblendetes wie ein Mensch sein wollen.

Der Pfad ist gangbar. Fürchte dich nicht!

Weck den *Amoghasiddhi* in dir, den „unfehlbaren Erfolg".

Das hat gerade noch gefehlt!
Nachtrag zur Vortragsreihe „Evolution"

Als ich diese Vortragsreihe im Jahr 2011 hielt, beschrieb ich den Pfad der *upanisās*, den *Spiralpfad* in den zwölf Schritten so, wie er in diesem Buch erscheint. Er ist so etwas wie die ausgearbeitete Fassung des Dreifachen Pfades, den der Buddha lehrte, des Pfades aus Ethik, Meditation und Weisheit. Der Buddha wurde nicht müde zu betonen, dass das Allerwichtigste, die unabdingbare Grundlage, dafür die Ethik sei.

So sollte man annehmen, dass nachdem der Mensch, der *dukkha* überwinden möchte, und nun die helfende Lehre, den *Dharma*, gefunden hat, und auf diesen vertraut (*saddha*), der also die ersten zwei *upanisās* erreicht hat, sich dem Beginn des *Dreifachen Pfades* zuwenden würde, der Ethik. Dennoch beschäftigen sich die nächsten *upanisās*, die folgenden Schritte, mit dem, was in der Meditation geschieht, dem Auftreten der Faktoren Freude (*pāmojja*) und Verzückung (*pīti*) sowie dem, was nach der auf Verzückung auftretenden Beruhigung (*passadhi*) geschieht, das Aufsteigen von Glückseligkeit (*sukha*) und schließlich tiefe Meditation (*samādhi*), daran schließen sich die Glieder an, die allesamt mit Weisheit zu tun haben.

Aber wo bleibt denn da die wichtigste Grundlage, die Ethik? Ich behalf mich früher damit, dass ich mir sagte, wenn man den Pfad beginnt, Einsicht in *dukkha* hat und Vertrauen (*saddha*) in die Lehre des Buddha, dann wird man sicherlich die von diesem empfohlenen fünf ethischen Richtlinien beachten. So lehrte ich es auch in der Vortragsreihe, die die Grundlage dieses Buches ist. Dennoch fragte ich mich, warum der Buddha dies in den

upanisās wegließ, wo er doch sonst so sehr auf gründlicher schrittweiser Auflistung besteht.

Im Jahr 2013 wurde ich durch meinen Freund ***Dhammaloka*** und sein ausgezeichnetes (leider im Buchhandel nicht mehr erhältliches) Buch *„Säe eine Absicht, ernte ein Leben"* darauf aufmerksam, dass das zwar so im Pali-Kanon steht, der chinesische buddhistische Kanon das ***upanisā sutta*** jedoch anders darstellt.

Der chinesische buddhistische Kanon ist eine chinesische Übersetzung des früher in Nordindien verbreiteten Sanskrit-Kanons, der neben dem Pali-Kanon auch noch existierte. Sanskrit und Pali sind zwei altindische Schriftsprachen, eigentlich müssten die Inhalte identisch sein. Da vor 2000 Jahren in Indien jedoch nicht auf Paper geschrieben wurde, sondern auf Palmblätter, und diese auch unter optimalen Lagerbedingungen nur wenige Jahrhunderte haltbar sind, müssen sie immer wieder abgeschrieben werden.

Möglicherweise ist auf diese Art ein Teil des ***upanisā suttas*** im Pali-Kanon verloren gegangen, ein Teil, der im Sanskrit-Kanon noch existiert. Während der islamischen Eroberung Indiens wurden alle Exemplare des Sanskrit-Kanons vernichtet, während der Pali-Kanon in Hinterindien, Sri Lanka und wohl auch Indonesien erhalten blieb. Was wir jedoch heute noch haben, ist der chinesische Kanon, der allerdings erst spät und unvollständig ins Englische übersetzt und damit außerhalb Chinas bekannt wurde.

Ich neige daher zu der Ansicht, dass in diesem Fall der chinesische Kanon die Worte des Buddha exakter wiedergibt als der Pali-Kanon. Und in diesem chinesischen Kanon ist der Beginn der ***upanisās*** mit *dukkha* (Unvollkommenheit) und *saddha* (gläubiges Vertrauen) genau wie im Palikanon erfolgt. Auch die Reihe von ***pāmojja*** (Freude) bis zum letzten (nach Zählung des Palikanon zwölften) Glied sind völlig identisch.

Zwischen *saddha* (Vertrauen = dem zweiten Glied nach dem Pali-Kanon) und *pāmojja* (Freude = dem dritten Glied nach dem Pali-Kanon) finden sich allerdings im Chinesischen fünf weitere **upanisās** – und siehe da: diese befassen sich mit Ethik! Also genau das, was ich bei den **upanisās** vermisst hatte.

Es sind allerdings nicht, wie man vielleicht vermuten könnte die fünf ethischen Regeln (***pañcasīla***), sondern Erläuterungen, auf welche geistige Grundhaltungen wir bei unserer Praxis zurückgreifen sollten. Ich möchte sie hier im Folgenden erläutern – und ich habe sie in unserem Wandbild im Meditationsraum am Obermarkt auch ergänzt, gewissermaßen als Fußnote. Da ich die zwölf **nidānas** und daran anschließend die **upanisās** (ab 13) durchnummeriert hatte, und da die fünf fehlenden **upanisās** nach Punkt 14 (saddha) einzusetzen sind, habe ich sie mit 14.1 bis 14.5 numeriert.

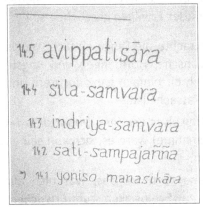

Im Folgenden die Erläuterung der fehlenden Glieder, ich orientiere mich dabei an dem, was Dhammaloka in „Säe eine Absicht, ernte ein Leben" dargelegt hat.

(Anmerkung zum Bild: Da es um eine aufsteigende Entwicklung geht, sind sie von unten nach oben zu lesen.)

yoniso manasikāra (14.1 - Weises Erwägen)

Das Substantiv *manasikāra* bedeutet „etwas im Geist machen" oder „im Geist handeln", geläufige Übersetzungen sind „Aufmerksamkeit", „Erwägen" oder „Nachdenken". Das

Adjektiv *yoniso* ist von *yoni* (Gebärmutter) abgeleitet und deutet auf das Ursprüngliche, also nicht durch **papañca** (ausuferndes Denken, das von Projektionen beeinflusst ist) hin. *Yoniso manasikāra* „ist also eine intelligente, weise Aufmerksamkeit, mit der man im Spannungsfeld von potentiell erdrückendem *dukkha* und starker *saddha*" arbeitet... „Diese Aufmerksamkeit durchleuchtet jede Situation hinsichtlich ihrer samsarischen und potentiell nirvanischen Qualitäten. Sie ermöglicht weise Entscheidungen." (Dhammaloka, a.a.O.) Und das Ganze geschieht ohne **papañca**, also ohne von Ängsten, irrationalen Hoffnungen, sprunghaften Assoziationen und Wunschträumen beeinflusst zu sein.

Yoniso manasikāra ist eine Haltung, mit der wir uns aus unserer triebhaften Verhaltensweise befreien können, aus dem was in uns von der animalischen Entwicklungsstufe, vom *mano niyama* verblieben ist. Der Buddha hat dazu auch sieben Orientierungen gegeben, wie dieses Erwägen geschehen soll

1. **Sehen** (*dassana*) – Betrachte die Dinge einfach wie sie sind, ohne bereits Wünsche, Hoffnungen und Ängste hineinzuprojizieren, sieh dir einfach ganz nüchtern und unverblendet an, was Tatsache ist.

2. **Zügeln** (samvara) – Unweises Erwägen (*manasikāra* = egoistische Inanspruchnahme) wäre es, sich von seinen Trieben leiten zu lassen.

3. **Gebrauchen** (patisevana) – nutze das, was dich auf deinem Pfad vom Ego zur Egolosigkeit, zum *Erwachen*, weiterbringt.

4. **Erdulden** (adhivāsana) – Das, was sich nicht vermeiden lässt, sollte man erdulden, ohne zu viel Energie (Ärger, Widerstand) hineinzustecken, dadurch würde man die Probleme (*dukkha*) nur größer machen.

5. **Vermeiden** (parivajjana) - Meide alles, was dich vom Pfad zum Erwachen, zur Egolosigkeit, abbringt.

6. **Entfernen** *(vinodana)* – Einige Hindernisse für diesen Pfad zur Egolosigkeit hast du dir schon zur Gewohnheit werden lassen, sind zu Verhaltensmustern und Ansichten *(ditthi)* geworden. Diese musst du überwinden, loslassen, entfernen, ausmerzen.

7. **Entfalten** *(bhāvanā)* – Es gibt vielleicht aber auch schon Gewohnheiten oder Gewohnheitsansätze in dir, die die Egolosigkeit unterstützen (**metta**, Großzügigkeit, Freundlichkeit, Herzlichkeit, Hilfsbereitschaft...), diese solltest du entfalten, weiterentwickeln, vervollkommnen. Eine typische Anwendung hiervon ist die **metta bhāvanā**.

Und da jedes **upanisā** eine unterstützende Bedingung für das jeweils nächste ist, ist **yoniso manasikāra** eine unterstützende Bedingung dafür, *sati sampajanna* zu entfalten.

sati – sampajanna (14.2 - Achtsamkeit und Wissensklarheit)

Wenn wir gewissermaßen **yoniso manasikāra** zu einer Gewohnheit gemacht haben, wenn wir tatsächlich diese sieben genannten Methoden regelmäßig anwenden, dann unterstützt dies unsere Achtsamkeit und Wissensklarheit. Letzteres sind zwei Ausdrücke, die der Buddha immer wieder in Verbindung miteinander nennt.

Sati (Achtsamkeit) „ist zunächst einmal unmittelbares Gewahrsein. Achtsam spüren und registrieren wir feinfühlig und empfindsam die Empfindungen des Körpers und seiner Bewegungen *(kaya)*, die Gefühlswerte *(vedanā)*, sowie die jeweilige Qualität des Geisteszustandes *(citta)*. Wir nehmen das alles wahr, ohne uns davon mitreißen zu lassen. Mit wacher Achtsamkeit erleben wir, was ist und wie es ist.

Mit Wissensklarheit (*sampajanna*) erwägen wir die einzelnen Aspekte der Lebenssituation im Hinblick auf unsere schon früher gewonnen Einsichten". (***Dhammaloka, a.a.O.***) Der Unterschied zwischen *sati* und *sampajanna* liegt also im Wesentlichen darin, dass **sati** das betrachtet, was gerade ist, und es so betrachtet, wie es ist, also ohne Interpretationen, es ist „einfach sehen, wie die Dinge sind". Demgegenüber ist *sampajanna* eine eher dynamische Betrachtung, denn alles was jetzt ist, entstand aufgrund von Bedingungen und es wird wieder Folgen haben. Insbesondere wird mein willentliches Handeln (**karma**) in der gerade entstandenen Situation Folgen (**karma vipāka**) haben.

Ich möchte dies an einem Beispiel untersuchen. Nehmen wir an, ich gehe an einem warmen Tag spazieren. Da ist eine Eisdiele, Kinder stehen davor und kaufen sich Eis im Tütchen, es gibt auch schattige Tische, an denen Leute sitzen und verschiedene Eisbecher konsumieren.

Alles, was ich bis jetzt beschrieben habe ist reines **sati**: sehen, wie die Dinge sind. Ich könnte mich jetzt umschauen und nachsehen, was noch da ist. Vielleicht sehe ich auf der anderen Straßenseite eine Nähstube, eine Bushaltestelle, einen Hundesalon und ein Tattoo-Studio. Bei dieser Gelegenheit fällt mir auf, dass ich all das wohl schon vorher in meinem peripheren Gewahrsein irgendwie wahrgenommen habe, mein Augenmerk allerdings von allen diesen möglichen Objekten sich ausgerechnet auf die Eisdiele gerichtet hat. Warum ist das so?

Es ist so, weil zu jedem Wahrnehmungsprozess, wie hier beim Sehen, laut buddhistischer Analyse fünf Dinge gehören:

- phassa (Kontakt) – der Kontakt meiner Augen mit einem sichtbaren Objekt (Eisiele)
- *saññā* (Erkennen) – das ist eine Eisdiele!
- *vedanā* (Gefühlswert) – Speiseeis ist lecker

- *manasikāra* (egoistische Inanspruchnahme) – will ich auch haben

- *cetanā* (Intentionalität) – ich könnte mir eine Waffel Eis kaufen oder mich hinsetzen und einen Eisbecher konsumieren.

Man beachte, dass ich hierbei *manasikāra* mit „egoistische Inanspruchname" übersetzt habe. Es ist nicht yoniso *manasikāra* „weises Erwägen"! Fehlt die Weisheit und ist nur der animalische Trieb zur Lustbefriedigung da, so ist *manasikāra* ego-gesteuert, es ist egoistische Inanspruchnahme.

Nun kann ich durchspielen, welche Entscheidungsmöglichkeiten ich habe: (1) ich könnte mir eine Waffel mit Eis kaufen, (2) ich könnte mich dort hinsetzen und mir einen Eisbecher bestellen und (3) ich könnte einfach weitergehen, wie ich das vorhatte, bevor ich der Eisdiele ansichtig wurde. Als erstes könnte ich überprüfen, ob tatsächlich alle Möglichkeiten in Frage kommen. Wenn ich keine oder nur wenig Zeit hätte, würde die Möglichkeit mit dem Eisbecher im Sitzen wegfallen. Ich habe aber genügend Zeit. Wenn ich kein Geld hätte, würden beide Möglichkeiten, Eis zu essen, entfallen; wenn ich nur wenig Geld hätte, bliebe zumindest die Möglichkeit eine Kugel Eis in der Waffel mitzunehmen.

Als altruistisch eingestellter Mensch könnte ich jetzt sagen: „Dieser Eisstandinhaber macht das, weil er Geld braucht, ich sollte ihm etwas zu verdienen geben." Das wäre aber sicher nur eine Rationalisierung, um mein Eis zu bekommen, ich könnte ihm ja einfach 10 € schenken – oder jemand anderem, der es noch nötiger hat. Es scheint also eine andere Motivation in mir zu geben. Eine weitere Frage wäre, ob ich vielleicht hungrig bin. In der Tat verspüre ich plötzlich ein leichtes Hungergefühl. Da dieses Hungergefühl zwei Minuten bevor ich die Eisdiele sah, noch nicht vorhanden war, ist das auch nur eine Art Rationalisierung.

Ich könnte noch vieles andere erwägen, beschränke mich jedoch auf folgenden Aspekt.

Ich frage mich, woraus das Produkt besteht. Der Hauptbestandteil ist Milch. Milch wird bei uns in Deutschland fast ausschließlich in tierquälerischer Massentierhaltung erzeugt. Es ist außerdem betriebswirtschaflich gesehen eine *Kuppelproduktion*. Durch die Rindermast wird sowohl Milch (solange der Milchertrag der Kuh hoch ist) als auch Fleisch (wenn der Ertrag unters Optimum sinkt) erzeugt. Durch meine Nachfrage finanziere ich eine Viehhaltung, die (a) quälerisch und (b) mörderisch ist. Außerdem werden für die Milchviehhaltung Futtermittel angebaut, einer der Gründe für die Regenwaldrodung. Aufgrund der Massentierhaltung werden große Mengen Methan emittiert, das stark zum Treibhauseffekt beiträgt. An der Finanzierung von alledem würde ich mich durch einen Speiseeiskauf beteiligen.

Auf diese Art die Folgen meines Handelns weise erwägend, bringt mich meine Wissensklarheit dahin, vom Eiskauf Abstand zu nehmen. Um durch diese kurze Überlegung nicht in Trauer oder Wut zu verfallen, entschließe ich mich, gezielt Mitfreude in mir zu erwecken: im Vorbeigehen lächle ich den Eiskonsument*innen freundlich zu. Einem Kind, das von seiner Mutter gerade ein großes Eis bekam, sage ich: „Wow, du hast aber ein tolles Eis, das ist bestimmt ganz lecker, lass es dir schmecken."

Innerlich zufrieden darüber, dass ich mich gezügelt habe, dass ich nicht das finanziert habe, was ich ablehne, und durch meine sichtbare Mitfreude den Menschen etwas Gutes mitgegeben zu haben, wird mir warm ums Herz. Ganz nebenbei freue ich mich auch, dass ich dem Eis widerstanden habe, schließlich habe ich Übergewicht. Ich denke, ich habe hiermit einen Eindruck von dem gegeben, was Wissensklarheit ist.

indriya samvara (14.3 - Zügeln der Sinne)

In dem Beispiel mit dem Eis ist wohl auch klar geworden, dass es hierbei um Zügelung des Sinnesverlangens ging. Aber: ist das dasselbe wie „Zügeln der Sinne"? Vermutlich nicht ganz, denn in dem genannten Beispiel ist das Sinnesverlangen ja erst aufgrund des Kontaktes meines Sinnesorgans Auge mit dem sichtbaren Objekt „Eisdiele" entstanden. Kann ich die Sinne so zügeln, dass das Sinnesverlangen vielleicht erst gar nicht mehr auftritt?

Unter dem Begriff *yoniso manasikāra* habe ich oben sieben Methoden, dies umzusetzen genannt. Um zwei davon, um „zügeln" und „vermeiden" geht es hier. Da wir einen menschlichen Körper haben (*nama-rūpa,* das ist uns in der zwölfgliedrigen Kette des bedingten Entstehens im Lebensrad als Punkt 4 begegnet, vgl. S. 48), haben wir auch diese sechs Sinnentore, die uns das Haus (*salāyatana,* Punkt 5) zeigte, und mit denen wir zwangsläufig mit erkennbaren Objekten in Kontakt (*phassa,* Punkt 6) kommen, wodurch dann ein *vedanā* (Punkt 7) aufkommt, das zu *tanha* (Punkt 7, Durst, Verlangen) führt.

Selbstverständlich wollen wir diese Sinnesorgane behalten, solange wir einen menschlichen Körper haben. Allerdings haben wir durchaus eine beeinflussbare Auswahl, was wir an unsere Sinnesorgane kommen lassen. Der Buddha spricht hierbei vom „Hüten der Sinnespforten", also seinen „Input" zu kontrollieren. Die Frage ist also zum Beispiel: auf welche Internetseiten gehe ich? Wir alle wissen, wir hören, dass sich Terroristen „selbst radikalisiert" haben und dazu entsprechende Internetangebote konsumiert haben. Tatsächlich beeinflusst uns unser Umgang mit den Medien, wie wir die Welt wahrnehmen und damit auch, wohin wir uns entwickeln. Es macht einen Unterschied, ob ich mir Hasspredigten anhöre, oder ob ich über *yoniso manasikāra* lese.

Interessant ist in diesem Zusammenhang, dass unser *kapitalistisch-konsumistisches Wirtschaftsystem*, das bekanntlich nicht auf Giervermeidung sondern auf Gieranstachelung beruht, eine genau entgegengesetzte Strategie verfolgt. Durch Werbung, *public relations* und *sales promotion*, sollen wir dazu geführt werden, möglichst großes Verlangen zu entwickeln. Und gerade in Rundfunk, Fernsehen und im Internet werden wir besonders intensiv mit gieranstachelnden Reizen überflutet.

Der Buddha verfolgte eine gegenteilige Strategie. So wurden die Mönche und Nonnen aufgefordert, nicht gezielt bei wohlhabenden Familien ihre Nahrung zu erbetteln, wo es erlesenere Speisen gab, sondern zu allen zu gehen, allerdings nur einmal am Tag, womit auch vermieden wurde allzu oft mit dem Konsum der Laien konfrontiert zu werden. Auch ermahnte der Buddha seine Mönche davor, Frauen anzusehen, ebenso warnte er die Nonnen vor einem Umgang mit Männern, auch hier ging es um das Hüten der Sinnenpforten, um Verlangen zu vermeiden.

Ich kann nur empfehlen so wenig wie möglich mit allem was Gier anstachelt, insbesondere mit Werbung in Kontakt zu kommen, die Anwesenheit in Läden, Einkaufstraßen usw. aufs Nötigste zu beschränken, Schaufenster zu meiden und die Werbebeilagen, die wir bekommen, unbetrachtet wegzuwerfen.

Genauso achtsam muss man mit allem sein, was zu Hass und Aggression führt, zum Beispiel in Videospielen. In diesem Zusammenhang ist es bezeichnend, dass die US-Armee (wie vermutlich andere Streitkräfte auch) versuchen, ihren Soldaten mit Videospielen die Hemmschwelle vor dem Töten zu nehmen.

Ich empfehle jedem, das Hüten der Sinnestore zu einer regelmäßigen Übung zu machen.

sīla samvara (14.4. - Hüten der Vorsätze)

Erst nach allen diesen wichtigen Vorübungen führt der Buddha das an, was wir als den Kern buddhistischer Ethik verstehen können, die **pancasīla**, die fünf Vorsätze für Laien. Ich werde hier nicht in allen Einzelheiten darauf eingehen, das habe ich an anderer Stelle dieser Buchreihe getan.[17] Allerdings werde ich hier noch einmal die fünf traditionellen Vorsätze nennen, die Empfehlungen des Buddha, was wir zu unserer ethischen Läuterung vermeiden sollten:

1. Ich nehme mir vor, keine Gewalt gegen fühlende Wesen auszuüben.

2. Ich nehme mir vor, nicht zu nehmen, was mir nicht gegeben wurde.

3. Ich nehme mir vor, nicht gegen das sexuelle Selbstbestimmungsrecht zu verstoßen.

4. Ich nehme mir vor, nicht die Unwahrheit zu sprechen.

5. Ich nehme mir vor, keine das Bewusstsein trübenden Mittel zu nehmen.

Außerdem pflege ich morgens, um mich auf einen Tag ethischer Übung einzustimmen, folgende positiven Vorsätze zu rezitieren, die ich von meinem Lehrer Sangharakshita übernommen habe:

1. Mit Taten liebevoller Güte läutere ich meinen Körper.

2. Mit Großzügigkeit läutere ich meinen Körper.

3. Mit Stille, Schlichtheit und Genügsamkeit läutere ich meinen Körper.

4. Mit ehrlicher und wahrhaftiger Sprache läutere ich meine Rede.

5. Mit freundlicher Sprache läutere ich meine Rede.

---

17 Im Band 6 dieser Reihe „Buddhistische Meditation und Ethik"

6. Mit hilfreicher Sprache läutere ich meine Rede.

7. Mit Harmonie stiftender Sprache läutere ich meine Rede.

8. Gier löse ich auf in Stille und läutere so meinen Geist.

9. Hass kehre ich um in Mitgefühl und läutere so meinen Geist.

10. Unwissenheit verwandle ich in Weisheit und läutere so meinen Geist.

Gerade dem letzten Vorsatz soll dieses Buch dienen!

avipatissara (14.5 - Gewissensreinheit)

Und wenn wir all dieses, was ich unter den Punkten 14.1. bis 14.4 geschildert habe, befolgen, dann wird gerade aus dem Üben der ethischen Vorsätze (*sīla samvara*) eine unterstützende Bedingung für das Entstehen des nächsten Punktes, des Punktes 15, dann wird diese Gewissensreinheit zu einem Quell der Freude, von *pāmojja*. Wissend um das *dukkha* (*upanisā* 13), das unweigerlich mit allem weltlichen Leben verbunden ist und voller *saddha* (*upanisā* 14), im tiefen Vertrauen darauf, dass das Beschreiten der *upanisā* zur Befreiung von *dukkha* führt, praktiziere ich Weises Erwägen (14.1), bemühe ich mich um immer tiefere Achtsamkeit und Wissensklarheit (14.2), hüte ich meine Sinnentore (14.3), übe ich die Vorsätze (14.4.) und erlange somit ein reines Gewissen (14.5) auf dass Freude (*upanisā* 15) aufsteigt.

Die Wand in unserem Meditationsraum mit dem Bild der *upanisās* incl. der Ergänzungen 14.1 – 14.5 nach dem Sanskrit-Kanon.

Begriffserklärungen

abhaya-mudra - „Geste der Furchtlosigkeit", die wie zum (römischen) Gruße erhobene rechte Hand. *Amoghasiddhi*, einer der fünf *jinas* wird üblicherweise mit der Geste der Furchtlosigkeit dargestellt.

abrahamitische Religionen – Sammelbezeichnung für Judentum, Christentum und Islam, weil diese sich alle auf den Stammvater Abraham (arab.: Ibrahim) beziehen.

Ajatasattu – König von *Maghada*, der den Thron usurpiert hatte und seinen eigenen Vater *Bimbisara* im Kerker verhungern ließ. Bimbisara war einer der Förderer des Buddha.

akusala – unheilsam, kontraproduktiv für die spirituelle Entwicklung

altruistisch – (vom lat. alturm = das andere) Gegenteil von egoistisch. Vom Wort her bedeutet altruistische Handeln also etwas, das dem anderen nutzt und nicht mir selbst. Im tatsächlichen Sprachgebrauch wird es jedoch so verwendet, dass etwas allen nutzt (was die eigene Person mit einbezieht).

Amoghasiddhi – ein nicht-historischer Buddha, ein *Archetyp*, der im *Mandala* der fünf *jinas* den Norden dargestellt wird. Seine Hautfarbe ist grün, er gehört zur *Karma*-Familie, sein Name bedeutet „vollständiges Gelingen" und er wird üblicherweise mit der Geste der Furchtlosigkeit (*abhaya-mudra*) dargestellt.

anattā - „Nicht-Ich", da alles abhängig von Bedingungen Entstandene vergänglich ist, kann es keinen festen unveränderlichen Wesenskern geben, also gibt es auch nicht so etwas wie ein festes „Ich". *Anattā* eine der drei Lakshanas, der buddhistischen Grunderkenntnisse über alles Existierende (die anderen sind *dukkha* und *annicca*); der *anattā*-Gedanke ist das Alleinstellungsmerkmal des Buddhismus.

anicca – Vergänglichkeit; alles was in Abhängigkeit von Bedingungen entstanden ist, verändert sich und vergeht, eines der drei Lakshanas, der Grunderkenntnisse über alles Existierende (die anderen sind *dukkha* und *annata*); ähnlich dem abendländischen Vanitasgedanken.

Arahat – Heiliger, vollkommen Erleuchteter

Archetypen bezeichnen in der Psychologie die dem kollektiven Unbewussten zugehörigen Grundstrukturen menschlicher Vorstellungs- und Handlungsmuster.

arūpa jhānas – Die höheren Vertiefungen (ab der fünften Vertiefung) werden als *arūpa jhānas* (formlose Vertiefungen) bezeichnet, da hier keine Körperlichkeit (Körper = *rūpa*) mehr empfunden wird. Die Trennung zwischen einem empfindenden Ich und einer empfundenen „Umwelt" existiert nicht mehr.

āsava – (pali, auf sanskrit: *asrava*) - grundlegende ungünstige Ansichten, die uns am Erlangen von **Nirwana** hindern. Es sind dies *kamāsava* (das Verlangen nach sinnlichen Eindrücken), *bhavāsava* (das Verlangen irgend etwas zu werden) und *avijjāsava*, das Verlangen nach irrigen Projektionen. Mitunter wird auch *ditthāsava* noch aufgeführt, das Verlangen nach Ansichten (Erklärungsmodellen, „-ismen").

asavakkaya ñāna – Wissen um die Zerstörung der Triebe, der *āsavas;* das ist das letzte *upanisā*. Wenn man dieses erreicht hat, ist man ein **Erwachter**

asura – Bewohner eine der sechs Welten (oder Bewusstseinszustände), in denen man sich befinden kann, ein **wütender Kämpfer**. Das Wort wir traditionell (aber unscharf) mit „Titan" übersetzt.

avidyā – (sanskr.) siehe *avijjā*

avijjā – (pali) „Verblendung", eines der drei Grundübel, man kann auch „irrige Projektionen" dazu sagen. *Avijjā* ist im der *nidāna*-Kette des abhängigen Entstehens das erste Glied.

avijjāsava – das ist der Unwissenheitstrieb; je mehr wir wissen, desto komplexer wird die Realität, daher verdrängen die Wesen viele Aspekte der Realität und machen sich so eine vereinfachte Welt mit einfachen Lösungen.

avippatisāra - „Gewissensreinheit, Freiheit von Reue", es ist das siebte *upanisā* nach dem Sanskrit-Kanon

Bedingtes Entstehen – zentrale buddhistisches Lehre: alles (in *samsara*) entsteht in Abhängigkeit von Bedingungen. Entfallen diese Bedingungen, so erlischt das Produkt der Bedingungen.

Bhagavad Gita – eine der zentralen Schriften des *Hinduismus* in Gedichtform, indem der Hindu-Gott Kṛṣṇa einem Schüler Fragen beantwortet.

bhāva – Werden, Entstehen, das neunte Glied der zwölf *nidānas*

bhāva cakra – Rad des Werdens, häufig fälschlich als „Tibetisches Lebensrad" bezeichnet, ist eine bildnerische Darstellung in der unter anderem die zwölf *nidānas* dargestellt werden.

bhāvanā – die Bedingungen schaffen, dass etwas Bestimmtes entstehen kann

bhavāsava – der Daseinstrieb, dieser lässt uns am Leben hängen, nach Wiedergeburt streben - und in seiner Variante als *abhavāsava* nach Tod und Nichtwiedergeburt streben

Bimbisara – König von *Maghada*, Anhänger und Freund des Buddha, wurde von seinem Sohn *Ajatasattu* ermordet

Bodhi – siehe *Erwachen*

Bodhicitta – wörtlich: Erleuchtungsgeist, Begriff aus dem *Mahāyana*, der in etwa dem *Stromeintritt* entspricht. Eine Person, in der Bodhicitta aufgestiegen ist, wird den buddhistischen Pfad bis zum Ende beschreiten und dabei anderen Wesen mitfühlend helfen.

Bodhisattva – Figur im *Mahāyana*-Buddhismus. Bodisattvas sind Wesen, die Erleuchtung nicht nur für sich selbst anstreben, sondern zum Wohl aller Wesen.

Brahmā – einer der Hauptgötter des Hinduismus, er gilt dort als der Schöpfer. Der Buddhismus kennt keinen Schöpfergott.

Brahmanen – eine der *Kasten* im Hinduismus, nur Brahmanen dürfen religiöse Rituale vollziehen

Brahmanismus – indische Religion, die u. a. einen Brahman (Gott) verehren, heute als Hinduismus bezeichnet

brahma vihara - „göttliche Weilungen" oder „erhabene Geisteszustände", Oberbegriff für *metta, mudita, karuṇa* und *upekkhā*

Buddha – wörtlich: Erwachter, einer der das Ziel des Buddhismus erreicht hat und damit befreit ist von den Fesseln des Ichglaubens. (Die weibliche Form ist auch Buddha.)

Buddha-Natur – die Tatsache, dass alle Menschen die Fähigkeit zur Buddhaschaft in sich tragen, noch unentwickelt und keimhaft, aber vorhanden. Entscheidend ist, dass wir die Bedingungen schaffen, dass sich die Buddhanatur entfalten kann (*bhāvanā*).

BuddhaNetz-Info – vierteljährliches deutschsprachiges Mitteilungsblatt des *Netzwerks Engagierter Buddhisten* (in den 90er und 0er Jahren), das vom Autor dieses Buches herausgegeben wurde.

Buddhaschaft - wird durch *Erleuchtung* (Erwachen) erreicht

Buddhistische Gemeinschaft Gelnhausen – früherer Name: Meditation am Obermarkt, regionale buddhistische Gemeinschaft, die zu *Triratna* gehört

cetanā – Intention, motivierende Geistes- und Herzensneigung

citta – Paliwort, das sowohl Herz (aber nicht die Pumpe, sondern den Sitz der Gefühle) als auch Geist (aber nicht das Hirn, den Sitz konzeptionellen Denkens) bedeutet

citt´ekagattā – Einspitzigkeit (anhaltende Ausrichtung des fokussieren den Gewahrseins auf ein einziges Objekt), einer der meditativen Vertiefungsfaktoren

devas – „Götter" im Hinduismus und Buddhismus, etwa vergleichbar mit den Engeln im Judentum, Christentum und Islam

Dhammaloka – ein Schüler *Sangharakshitas* und einer meiner Lehrer. Er ist Gründer des ersten *Triratna*-Zentrums in Deutschland (zusammen mit *Dharmapriya*), Gründer des do-evolution-Verlages und lebt und arbeitet heute in Birmingham als Übersetzer buddhistischer Literatur, außerdem gibt er Dharmaunterricht. Er ist Autor des im Buchhandel leider vergriffenen Buches „Säe eine Absicht, ernte ein Leben".

dharma – hier gewöhnlich die Bezeichnung für die Lehren des Buddha. Das Wort bedeutet Wahrheit, (Natur)Gesetz, Wissenschaft.

dharma cakra – das achtspeichige „Rad der Lehre" das Symbol für den *Dharma* („Buddhismus"), die acht Speichen stehen für den *Edlen Achtfältigen Pfad.*

ditthāsava – dieser wird in den Aufzählungen mitunter weggelassen. Es ist der Ansichtstrieb, wenn man so will, eine Variante des Unwissenheitstriebes: aufgrund einer Ansicht, zu der ich mich bekenne, verneine ich die anderen Ansichten und vereinfache so meine Welt. Wir kennen ihn in der Geschichte des 20. Jahrhunderts z. B. als institutionalisierten Totalitarismus.

Donnerndes Schweigen - unterstreicht einen einzigartigen Aspekt der Lehre: die letztendliche Wahrheit ist mit Worten und Sprache nicht zu beschreiben. Es geht vielmehr um eigene Erfahrungen, darum, die Weisheit, die jeder Mensch in sich trägt, zu entdecken und aus eigener Kraft den Weg zum Erwachen zu gehen. Letztendlich ist dies der Weg zur Beendigung des Leidens. In den „Belehrungen des Vimalakirti" wird dieser nach der letztendlichen Wahrheit befragt, worauf er lediglich schweigt und somit die präziseste Antwort darlegt. Seitdem wird vom „Donnernden Schweigen des Vimalakirti" gesprochen.

Dreifacher Pfad – einfachste Beschreibung des buddhistischen Pfades aus (1) Ethik, (2) Meditation und (3) Weisheit, eine ausgearbeitete Version zeigt das *upanisā sutta* auf

Drei Juwelen – die drei höchsten Kostbarkeiten im Buddhismus: der Buddha (unser Ideal), der *Dharma* (die von ihm begründete Wissenschaft) und der *Sangha* (die Gemeinschaft der erfolgreich Praktizierenden), der Pali-Terminus hierfür ist *Triratna.*

dukkha – ein zentraler Begriff der Lehre Buddhas, am einfachsten mit „Unvollkommenheit" oder „Unzulänglichkeit" zu übersetzen, besser wäre „das Gefühl, das etwas letztendlich nicht vollkommen zufriedenstellend ist". Älteste Übersetzungen von Buddhas Lehre übersetzten „Leiden", was dazu führte, dass der Buddhismus als pessimistisch galt, denn letztendlich ist alles Vergängliche unvollkommen (dukkha). Dukkha ist auch das erste *upanisā*, das erste Glied des *Spiralpfades.*

Edle Achtfältige Pfad, der – erste und zentrale Beschreibung des Buddha für die Pfad zur Erleuchtung. Hier werden acht Baustellen genannt, an denen wir arbeiten müssen: 1. Rechte (oder Vollkommene) Vision (Ansicht), 2. Rechte Entschlossenheit, (3) Rechtes Denken, (4) Rechtes Handeln, (5) Rechter Lebenswandel, (6) Rechtes Bemühen, (7) Rechte Achtsamkeit, (8) Rechter *samādhi*

Einmalwiederkehr – zweite Stufe der Heiligkeit, ein Einmalwiederkehrer. Er/sie hat den Persönlichkeitsglauben überwunden, führt keine sinnentleerten Rituale aus und zweifelt nicht mehr am *Dharma*. Außerdem hat er/sie Gier und Hass in ihren gröberen Formen überwunden. Der Name bedeutet, dass er nur noch einmal wiedergeboren wird.

Engel – transzendentes Wesen aus den abrahamitischen Religionen, diese Wesen gibt es auch im Buddhismus, sie heißen dort jedoch *devas*, was meist mit „Götter" übersetzt wird.

Erhabener – Anrede für den Buddha, wird nur von seinen Anhängern verwendet. In anderen östlichen Religionen teilweise auch Anrede für den Religionsstifter oder *Guru*.

Erleuchtung – Im Buddhismus das Ziel spirituellen Strebens. Ein erleuchtetes Wesen sieht die Welt völlig unverblendet, das heißt, es hat den Dualismus (aus Subjekt und Objekt) überwunden, was bedeutet, dass es sich als nicht von der Umwelt getrennt sieht, der Glaube an ein „ich" oder „Selbst" überwunden ist. Dies ist keine rein intellektuelle Erkenntnis, sondern spiegelt sich im Denken, Fühlen und Handeln des/der Erleuchteten. In anderen Religionen wird Erleuchtung anders gesehen.

Es, das – ist bei Freud die erste Instanz der menschliche Psyche, sie ist bereits bei der Geburt vorhanden. Sie folgt dem Lustprinzip und der Triebauslebung. Als Triebe gelten hier alle biologisch angeborenen Triebe, wie Nahrungsaufnahme, Sextrieb, Liebestrieb, Spieltrieb oder der Trieb zur Aggression.

Evolution – nach dem lateinischen e-volvere (heraus-rollen, herausfahren, sich entwickeln). Darunter wird in erster Linie die biologische Evolution verstanden (schöpferfreie Schöpfung), daneben spricht man auch z. B. von der Evolution (Entwicklung) der Künste und anderer Objekte. **Sangharakshita** bezeichnet als Höhere Evolution die Entwicklung vom (unvollkommenen) Menschen zum (spirituell vollkommenen) Buddha, eine Entwicklung, die sich nicht aufgrund biologischer Gesetze ausformt, sondern die durch aktive Arbeit am eigenen Geist geschieht.

Erwachen – Im Buddhismus gleichbedeutend mit *Erleuchtung*

Gandharva – hier verstanden als geistiges Bindeglied zwischen Tod und Wiedergeburt; in dieser Weise verwendet beispielsweise auch der Dalai Lama den Begriff. - Der Ausdruck ist aus den hinduistischen Veden übernommen, wo er ein niedriges Geistwesen, einen Himmelsmusikanten oder einen Halbgott beschreibt.

Garuda – ein indisches mythologisches Tier, das Schlangen tötet und halb ein Adler sowie halb ein Mensch ist. Es wurde in die Mythologie des *Mahāyana*-Buddhismus übernommen, denn es zeigt den Übergang von der Evolutionsstufe des Tieres zum Menschen, sowie Buddhisten durch ihre Praxis am Übergang zur nächsten Evolutionstufe – Buddhaschaft – arbeiten. Hierzu müssen wir die innere Schlange töten. Die Schlange steht für eines der drei Wurzelübel, den Hass, die Abneigung.

Gelnhausen – kleine Kreisstadt in Hessen zwischen Spessart und Vogelsberg.

geschickt siehe *kusala*

Gier – eines der drei Wurzelübel, die der Buddha nennt und die auf dem Weg zum Erwachen radikal besiegt werden müssen. Mildere Formen von Gier sind Verlangen und Zuneigung.

Götter – *devas*

Gotama – Nachname des Buddha. Personen, die den Buddha mit „Herr Gotama" anreden, sind keine Anhänger des Buddha, diese würden „Erhabener" sagen.

Grüne Tara – Bodhisattva, die für grenzenloses Mitgefühl zu allen Wesen steht. Sie wird immer sitzend dargestellt, im Begriff aufzustehen, um den leidenden Wesen aktiv zu helfen, ihre rechte Hand zeigt die Geste der Wunschgewährung. Sie hat grüne Haut, denn sie gehört zu einer Gruppe von grünen Wesen, genannt die Karmafamilie. Neben der Grünen Tara gibt es noch 20 weitere Taras, die Grüne Tara ist aber die bekannteste davon. Ihr Bild ziert unseren Meditationsraum in Gelnhausen.

Hass – eines der Drei Wurzelübel, die der Buddha nennt, die anderen beiden sind *Gier* und *Verblendung*. Mildere Formen von Hass sind Ablehnung oder Abneigung.

Hauslosigkeit – Lebensweise von (nicht nur) buddhistischen Mönchen und Nonnen, die als Obdachlose leben

Hīnayāna – (sog, „Kleines Fahrzeug") ist eine abwertende Bezeichnung für das *Theravāda* sowie für verloren gegangene buddh. Traditionen, in denen das Mönchstum sehr stark betont wird und den Laien nur eine dienende Rolle zukommt.

Hindu – Anhänger des *Hinduismus*

Hinduismus – Mehrheitsreligion in Indien schon zu Zeiten des Buddha und bis heute

Höhere Evolution – ein von *Sangharakshita* geprägter Begriff, der das bewussten Gehen des Pfades, der zum Erwachen führt, beschreibt. Man könnte statt dessen auch sagen „Pfad des Buddha". Der Begriff wird im Unterschied zur „niederen Evolution" verwendet, der biologischen Evolution, in der sich die verschiedenen Spezies entwickeln. Für die höhere Evolution hingegen ist bewusstes Bemühen, Arbeiten am eigenen Geist, nötig.

homo erectus – ausgestorbene Menschenrasse, der Name leitet sich vom aufrechten Gang her, der – anders als beim Affen – beim *homo erectus* der Normalfall des Gehens war. Er benutzte als erstes das Feuer, aus ihm entwickelte sich vermutlich der Neandertaler.

homo sapiens sapiens – der in großer Selbstüberschätzung festgelegte wissenschaftliche Name für den Menschen („weiser, weiser Mensch"). Nach buddhistischer Auffassung hat der Mensch zwar die Fähigkeit, Weisheit zu entwickeln, er ist allerdings von *avijja* besessen.

indriya – (fünf) Fähigkeiten: Vertrauen, Tatkraft, Achtsamkeit, Wissen und Sammlung

indriya samvara – Hüten der Sinne

in saecular saeculorum – wird in christlichem Zusammenhang insbesondere verwendet um die zeitliche Unendlichkeit Gottes auszudrücken. Die übliche Übersetzung ist „von Ewigkeit zu Ewigkeit".

jāti – Geburt; der Buddha vermied den Ausdruck *„Wiedergeburt"*, denn dies scheint ein Wesen zu unterstellen, das wiedergeboren wird.

jarā-marana – Krankheit und Tod; in der Darstellung der Kette des *Bedingten Entstehens* (der zwölf *nidānas*) das zwölfte Kettenglied.

jhāna – (Palibegriff, in Sanskrit: *dhyana*) ist ein meditativer Vertiefungszustand; nach der häufigsten Einteilung gibt es acht aufeinander aufbauende Vertiefungszustände. Ziel dieser Vertiefungszustände ist die Überwindung des Ego sowie der Gedanken und das Erreichen einer kosmischen Verbundenheit, die im Buddhismus als Nondualität zwischen Ich und Ander gesehen wird (*anattā* = Nicht-Ich). *Jhāna* ist eine hohe buddhistische Tugend und eine der sechs Tugenden, die ein *Bodhisattva* übt. Es gibt (nach der üblichen Zählung) vier feinkörperliche und vier unkörperliche *jhānas*, im ersten *jhāna* sind *vitakka* (aufnehmende meditative Konzentration), *vicara* (anhaltende meditative Konzentration), *citt'ekagattā* (einspitzige Ausrichtung des Geistes), *pīti* (Verzückung) und *sukha* (Glückseligkeit) vorhanden. In der zweiten Vertiefung fallen die ersten beiden Faktoren weg, in der drittten auch *pīti*. In der vierten entfällt *sukha*, stattdessen kommt Gleichmut (*upekkhā*) hinzu.

Jinas, fünf – Jina heißt Sieger, im Buddhismus ist Sieger, wer die Vollkommenheit, Buddhaschaft, *Nirwana*, erreicht hat. Im *Mandala* der fünf Jinas werden fünf archetypische Figuren gezeigt, die für Eigenschaften der Vollendung und verschiedene Weisheitsaspekte stehen.

Jihad – Begriff aus dem Islam. Der „große *Jihad*" ist friedlich. Er bezeichnet das geistig-spirituelle Bemühen der Gläubigen um das richtige religiöse und moralische Verhalten gegenüber Gott und den Mitmenschen. Der „kleine *Jihad*" ist kriegerisch. Er beschreibt den kämpferischen Einsatz zur Verteidigung oder Ausdehnung des islamischen Herrschaftsgebiets.

Jinas, fünf – Jina heißt Sieger, im Buddhismus ist Sieger, wer die Vollkommenheit, Buddhaschaft, **Nirwana**, erreicht hat. Im *Mandala* der fünf Jinas werden fünf archetypische Figuren gezeigt, die für Eigenschaften der Vollendung und verschiedene Weisheitsaspekte stehen

kamāsava – hierunter wird der Sinnlichkeitstrieb verstanden

kamma niyāma – eine von fünf Bedingungsebenen (*niyāmas*), diejenige die für menschliches Leben typisch ist: man hat verschiedene Optionen, unter denen man sich für eine entscheidet. Ist die dahinterliegende Absicht von Großzügigkeit, Liebe und wahrheitsgemäßer Erkenntnis getragen, spricht man von gutem Karma, ist diese Absicht von Gier, Hass und Verblendung getragen,verursacht der Handelnde ungünstiges Karma.

kapitalistisch-konsumistisches Wirtschaftssystem ein vom Autor bevorzugter Terminus für das heute herrschende Wirtschaftssystem. Das vom Buddha mit Gier bezeichnete Wurzelübel herrscht hier vor, und zwar in der Gier der Kapitaleigner nach Profit ebenso wie in der Gier der „Verbraucher*innen" nach Genuss.

Karma – (sanskrit, auf pali: kamma) im Buddhismus: jede absichtlich ausgeführte Handlung. Es wird davon ausgegangen, dass Handlungen Folgen haben, die (auch) auf den Verursacher zurückwirken. Im *Hinduismus* hingegen wird davon ausgegangen, dass es karmisch heilsam sei, sich an die Regeln und Beschränkungen seiner *Kaste* zu halten und die *Brahmanen* (bezahlte) Opfer für einen bringen zu lassen.

karma vipāka – Folge absichtlich ausgeführten Handelns, die „Früchte" des Handelns

karuṇa – *Mitgefühl*

Kaste – die indische Gesellschaft wird gemäß der hinduistischen Religion in streng voneinander abgetrennte Kasten eingeteilt, die wichtigsten Kasten sind die Brahmanen (Sanskrit: ब्राह्मण, brāhmaṇa = Priester), Kshatriyas (Sanskrit: क्षत्रिय, Adel, Krieger, Beamte) und die Vaishyas (Sanskrit: वैश्य, vaiśya = Kaufleute, Händler, Großgrundbesitzer) und Shudras (Sanskrit शूद्र, m., śūdras = Arbeiterklasse incl. Handwerker), darunter stehen die Dalits (Kastenlose, Unberührbare). Auf diese Art schuf der Hinduismus eine Apartheidsgesellschaft mit einer arischen Mittel- und Oberschicht, und einer indigenen Bevölkerung, die man nicht einmal berühren durfte; so sollte eine Rassenvermischung verhindert werden.

kāyanupassana – eine meditative Betrachtung des Körpers

Kernbewusstsein – ein von v. Glasenapp eingeführter Terminus, für jenes *viññāna*, das in der Kette des bedingten Entstehens zwischen zwei Leben weitergegeben wird. Mir erscheint dieser Terminus suboptimal, da „Kern" auf das Wesentliche hindeutet. Besser wäre es von „verblendeten und karmisch belasteten Bewusstseinsanteilen" zu sprechen.
Eine etwas andere, aber vielleicht hilfreiche Beschreibung bietet des *Theravada*. Der Buddha hatte bekanntlich darauf hingewiesen, dass es keine dauerhafte Seele (*atman*) gäbe, die von einem zum nächsten Leben wanderte. Ein Mönch hatte daher die Ansicht vertreten, dass es das Bewusstsein sei, das unverändert bliebe und von einem zum anderen Leben erhalten werde. Der Buddha schalt diesen Mönch „einen Toren", weil er noch immer das hinduistische Prinzip der Seelenwanderung beschreibe, auch wenn er das Wort Seele durch Bewusstsein ersetze. Daher legte das Theravada wert darauf, dass nicht das Bewusstsein dauerhaft vorhanden werde, sondern sich in jedem Moment aufgrund von Sinneseindrücken und deren Verarbeitung ändere. Allerdings sei der Bewusstseinsmoment im Tode und der Bewusstseinsmoment bei der Wiedergeburt identisch, da zwischen den beiden keine Sinneseindrücke möglich seien und somit keine Entwicklung erfolge. Dieser

„Bewusstseinsmoment" ist das, was v. Glasenapp als „Kernbewusstsein" bezeichnet.

khandha – Anhäufung, Gruppe; im Buddhismus wird der Mensch in fünf khandhas eingeteilt, das augenscheinlichste ist das *rūpa-kkhandha* (Form oder Körper)

Kismet – (von arabisch قسمة, *qisma*) im Islam die Bezeichnung für das unabwendbare Schicksal

kkhandha – gebeugte Form von *khandha*

Konditionalnexus - Erkenntnistheoretische Lehre, bei der nicht von der selbstständigen Ursache eines Ereignisses, sondern von der Gemeinsamkeit seiner Bedingungen ausgegangen wird. Im Buddhismus tritt der Konditionalismus an die Stelle der Kausalität, da letztere häufig als monokausal verstanden wird. Im Buddhismus wird von einem Netzwerk von Bedingungen ausgegangen, wobei eine dieser Bedingungen als spirituell entscheidend angesehen wird.

Kuppelproduktion – ein Terminus aus der Industriebetriebslehre. Bei der K. entsteht zwangsläufig neben dem eigentlichen Produkt ein zweites, ebenfalls vermarktbares. So entsteht bei der Produktion von Stadtgas aus Kohle auch Koks. In einem Kohlekraftwerk entsteht neben Strom auch Wärme.

kusala – heilsam für den Fortschritt auf dem spirituellen Pfad

Ladakh – Seit 2019 ein Unionsterritorium Indiens, davor Teil des indischen Teilstaates Jammu und Kashmir. Früher war Ladakh ein unabhängiges buddhistisches Königreich, das 1834 von Jammu erobert wurde und so zum Teil des britischen Empire wurde. Ladakh ist geprägt vom Buddhismus in seiner tibetischen Ausprägung.

Lhasa – Hauptstadt Tibets und frühere Residenz des Dalai Lama

Lotus-Sutra, das - gilt als eine der wichtigsten und einflussreichsten Schriften des *Mahāyana*-Buddhismus. Es ist aufgebaut in Form eines Dialoges zwischen Buddha *Shakyamuni* und seinen Schülern. Diese Gespräche verdeutlichen den Inhalt von Shakyamunis Erleuchtung – die Wahrheit des Lebens, zu der er erwacht war. Die Kernaussage lautet: Unabhängig von

Geschlecht, Nationalität, sozialer Stellung oder intellektueller Fähigkeit trägt jeder Mensch in sich ein grenzenloses Potenzial, die sogenannte Buddhaschaft. Dieser höchste Seinszustand ist geprägt von Mitgefühl, Weisheit und Mut.

Maghada – Staat im Norden Indiens z. Z. des Buddha. M. war etwa so groß wie Hessen und stand in Konkurrenz zum Nachbarstaat Kosala.

Mahāyana – eine der beiden Hauptrichtungen des Buddhismus. Das Mahāyana („großes Fahrzeug") betont, dass jeder, der Buddhismus praktiziert, erleuchtet werden kann, keineswegs nur Mönche und Nonnen. Sein Ideal ist der Bodhisattva, ein Wesen, das mit Mitgefühl und Weisheit handelt, um alle Wesen zur Buddhaschaft, zum Erwachen, zu führen.

manasikāra - „Erwägen", eines der fünf bei jeder Wahrnehmung vorhandenen Ereignisse, mitunter übersetzt als „egoistische Inanspruchnahme", also als reflexartige Abschätzung, was der wahrgenommene Gegenstand für mich bedeutet (Will ich den haben? Ist der gefährlich?): In Abgrenzung davon bedeutet *yoniso manasikāra* weises Erwägen, ist also nicht reflexartig sondern von mitfühlender Weisheit getragen.

Mandala – Wörtlich: Kreis; ein geometrisches Schaubild, das in *Hinduismus* und Buddhismus eine Bedeutung hat. Es ist meist quadratisch mit einem Objekt in der Mitte, das zentrale Bedeutung hat. Im Mandala der fünf *Jinas* wird im Mittelpunkt eine Figur gezeigt, die die Eigenschaften der vier anderen Figuren umfasst.

Mañjuśrī – ein *Bodenaktivator;* seine Aufgabe ist es zu helfen, die spirituelle Unwissenheit zu überwinden und Weisheit zu erreichen. Er wird mit einem flammenden Schwert in der rechten Hand dargestellt, mit dem er die Unwissenheit zerschneidet. Um das Schwert züngeln Flammen, die Verwandlung symbolisieren. Sein Bild (und das der Grünen Tara) ziert die Wand des Meditationsraumes in Gelnhausen (s. S. 37, um die beiden wichtigsten Aspekte von Buddhaschaft darzustellen: Weisheit und Mitgefühl.

mano-niyama – eine der Ebenen der Konditionalität, auf der das Reiz-Reaktions-Schema wirkt, die animalische Ebene in Tieren und Menschen

Mara – das Böse, in der Regel personifiziert als „der Böse", der Versucher

Meditation am Obermarkt – von Horst Gunkel in Gelnhausen gegründete buddh. Einrichtung, die sich seit 2016 „Buddhistische Gemeinschaft Gelnhausen" nennt

metta – eine sehr positive Emotion: Wohlwollen, Zuneigung, (nichterotische) Liebe, oft als „liebende Güte" übersetzt. Mitunter wird sie auch als „Allgüte" bezeichnet, denn Metta soll allen Wesen in gleicher Weise entgegen gebracht werden. Es ist das, was beispielsweise Jesus meint, wenn er sagt, man solle nicht nur seinen Nächsten lieben wie sich selbst, sondern sogar seinen Feind

metta bhāvanā – Meditation zur Schaffung von Bedingungen damit *metta* entsteht, normalerweise in fünf Phasen geübt (1) *metta* für sich selbst, (2) für einen guten, edlen Freund/Freundin, (3) für eine neutral besetzten Person, (4) für eine schwierige Person (Feind) und (5) für allen fühlenden Wesen.

miccā diṭṭhi – wörtlich: falsche Ansichten. Es wird im Buddhismus gewöhnlich für die drei grundlegenden populären (aber falschen) Annahmen verwendet, dass (1) etwas Weltliches dauerhaft glücklich machen kann, (2) dass die Phänomene beständig sind und (3) dass wir ein (im Kern unveränderliches) Ich haben (eine ewige Seele).

Mitgefühl – **(karuṇa)** ist das Gefühl, wenn **metta** auf ein leidendes Wesen trifft. Es ist etymologisch verwandt mit caritas (lat.: Barmherzigkeit) und mit dem englischen to care (sich kümmern um).

muditā – Mitfreude, eine der *brahma viharas*

mudra – Geste, viele archetypische Figuren werden mit feststehenden Attributen oder Gesten dargestellt, siehe *abhaya-mudra*

nama-rūpa – „Körper und Geist", ist im der *nidāna*-Kette des abhängigen Entstehens das vierte Glied

nibbāna = das Paliwort entspricht *Nirwana* (sanskr.)

nibbida – Rückzug, Entsagung, nach dem Pali-Kanon neunte Stufe der *upanisās*, der Stufen auf dem Weg zur Erleuchtung

Nichtwiederkehrer – man unterscheidet vier Stufen der Heiligkeit, die unterste ist der **Stromeintritt**, es folgt der Einmalwiederkehrer (der noch einmal wiedergeboren wird), der Nichtwiederkehrer (der in einem himmlischen Gefilde lebende, der von dort ins Nirwana eingehen wird, ohne wiedergeboren zu werden) und der *Arahat*.

nidāna – „Kettenglied", das Entstehen in Abhängigkeit von Bedingungen wird im Buddhismus traditionell durch eine Kette von zwölf Gliedern dargestellt (1. spirituelle Unwissenheit, Verblendung, 2. Gestaltungskräfte, 3. Bewusstsein, 4. psycho-somatische Gesamtheit, 5. sechs Sinnengrundlagen, 6. Kontakt, 7. Empfindung, 8. Verlangen, 9. Ergreifen und Festhalten, 10. Entstehen, 11. Geburt, Erscheinen, 12. Krankheit und Tod)

Nirwahn siehe *Nirwana*

Nirwana – Ziel des Buddhismus, das Wort bedeutet „verwehen" oder Nicht-Wahn

niyāma – (im *Theravada* und bei *Triratna*) Ebenen der Konditionalität. Man unterscheidet das *utu-niyāma* („leblose Ebene" Ebene auf der nur die physikalischen und chemischen Gesetze gelten), das *bīja niyāma* („Samen-Ebene", Ebene auf der auch die biologischen Gesetzmäßigkeiten greifen, pflanzliche Entwicklungstufe), das *citta niyāma* („Geist-Ebene", Ebene auf der ein Bewusstsein vorhanden ist, tierische Ebene), *kamma niyāma* („Handlungen-haben-Folgen-Ebene, Ebene selbstverantwortlichen Handelns, menschliche Ebene) und *dhamma niyāma* („dharmische Ebene", übermenschliche Ebene vom **Stromeintritt** aufwärts). Andere philosophische Systeme unterscheiden andere *niyāmas*.

Pali – Pali ist eine Schriftsprache, in der in erster Linie buddhistische Texte niedergeschrieben sind, sie wurde vom 6. Jhd. v. u. Z. bis zum 10 Jhd. u. Z. verwendet (mittelindische Zeit), ältere Texte sind altindisch, die zuständige Schriftsprache ist *Sanskrit*. Es wird angenommen, dass Pali aus dem Dialekt Magadhi abgeleitet wurde, dem Dialekt, der in **Maghada**, gesprochen wurde, einem der nordindischen Staaten, in dem sich der Buddha oft aufhielt. Das Wort Pali bedeutet „Textzeile", woraus schon deutlich wird, dass es sich um eine typische Schriftsprache handelt.

Palikanon – älteste Schriftensammlung des Buddhismus, hier sind u.a. die Lehrreden des Buddha enthalten, dem diese Geschichten entstammen

pāmojja – „Freude", drittes (nach dem Sanskrit-Kanon: achtes) *upanisā*

pañcasīla – die fünf ethischen Regeln des Buddhismus, sie lauten in der negativen Beschreibung (also das, was man zu unterlassen haben): 1. keine Wesen zu verletzen oder zu töten, 2. nichts Nichtgegebenes zu nehmen, 3. das sexuelle Selbstbestimmungsrecht zu respektieren, 4. nicht zu lügen und 5. keine bewusstseinstrübenden Mittel zu nehmen. In der positiven Ausformulierung (also, was zu kultivieren ist): 1. umfassende liebende Güte (metta), 2. Freigebigkeit, 3. Stille, Schlichtheit und Genügsamkeit, 4. wahrhaftige, freundliche, hilfreiche und harmoniefördernde Rede und 5. Achtsamkeit.

papañca – übliche Übersetzung: „geistiges Ausufern", ich sage lieber: „geistiges Geplappere". Es ist das, was wir üblicherweise machen, wenn wir glauben, nachzudenken: uns fällt etwas ein, wir assoziieren etwas dazu. Es fehlt dabei die Bestimmteit ein klar umrissenes Problem zu lösen, die „Einspitzigkeit" oder Themenzentriertheit. Statt dessen ist unser Geist unkonzentriert und unter Einfluss von Gier, Abneigung und Verblendung.

passaddhi – „Zur-Ruhe-Kommen" , fünftes (nach dem Sanskrit-Kanon: zehntes) *upanisā*

paṭiccasamuppāda – Bedingte Entstehung, zentrale Lehre des Buddha. Häufig als zwölfgliedrige Kette des bedingten Entstehens dargestellt: (1) Unwissenheit – (2) Geistesformationen – (3) Bewusstsein – (4) Körper und Geist – (5) sechs Sinnengrundlagen aller geistigen Vorgänge – (6) Kontakt – (7) Empfindung – (8) Verlangen – (9) Anhaften – (10) Werdeprozess – (11) (Wieder-)Geburt – (12) Alter und Tod

pawlowscher Hund – Die Bezeichnung bezieht sich auf das erste empirische Experiment des russischen Forschers und Nobelpreisträgers für Medizin Iwan Petrowitsch Pawlow zum Nachweis von Konditionierung. Man hatte dem Hund beigebracht, dass kurz bevor er etwas zu Essen bekam eine Glocke geläutet wurde. Nach kurzer Zeit lief dem Hund schon beim Erklingen einer Glocke das Wasser im Mund zusammen, ohne dass es ein anderes Anzeichen für Nahrung gab.

phassa - Kontakt, eine der fünf notwendigen Bedingungen, damit eine Sinneswahrnehmung stattfindet. Gemeint ist der Kontakt zwischen dem Sinnesorgan und dem zu erkennenden Objekt. *Phassa* ist das 6. Glied in der zwölfgliedrigen Kette des **paṭiccasamuppāda.**

pīti – „Verzückung, Begeisterung, Ekstase", viertes (nach dem Sanskrit-Kanon: neuntes) *upanisā, pīti* ist auch einer der Vertiefungsfaktoren in den ersten beiden *jhānas.*

prajñā – „Weisheit", auch der dritte Teil des *Dreifachen Pfades;* sie zu entfalten gilt auch als eine hohe buddhistische Tugend und eine der sechs Tugenden, die ein *Bodhisattva* übt.

prajñāparamita – wörtl. etwa „transzendente Weisheit". Die *prajñāparamita-Sutten* (z. B. das Herzsutra und das Diamantsutra) versuchen über verbale Logik hinauszugehen, indem sie scheinbare widersprüchliche Aussagen machen, so soll die Leerheit aller Phänomene erfahrbar gemacht werden. *Prajñāparamita* wird auch häufig als eine weibliche *Bodhisattva* dargestellt, die höchste Weisheit verkörpert.

preta – „hungriger Geist", eine Person, die von neurotischem Verlangen getrieben wird.

psycho-somatische Einheit – Bezeichnung für den Menschen als Ganzes, wobei sowohl die Bestandteile der Psyche als auch die des Körpers mit einbezogen werden.

public relations – (dt.: Öffentlichkeitsarbeit) ein Mittel der Kommunikationspolitik von Unternehmen. Hierbei wird kein Produkt beworben, vielmehr stellt sich das Unternehmen als positiv dar, indem es beispielsweise ökologische oder soziale Beiträge leistet und diese Tätigkeit zur Imagepflege publiziert.

Ratnasambhava – einer der Buddhas im *Mandala* der *fünf jinas*. Diese nichthistorische mythologische Figur wird mit gelber Haut und dem wunscherfüllenden Juwel Cintamani an der Hand dargestellt. Er steht für eine der fünf hervorragendsten Eigenschaften des historischen Buddha, für *dana* (freundiges Geben).

rūpa – Form, Körper, auch die Bezeichnung für eine Buddhafigur

rūpa-kkhandha – Körperlichkeitsgruppe, eine der fünf Anhäufungen (*khandha*), aus denen der Mensch besteht.

saddhā – (gläubiges) Vertrauen (zweites *upanisā*), das Paliwort heißt auf Sanskrit *sraddha*

salāyatana – das Sechsinnengebiet (sehen, hören, tasten, riechen, schmecken und denken) mit den dazugehörigen Sinnesorganen (Auge, Ohr, Haut, Nase, Zunge, *citta*). *Salāyatana* ist das 5. Glied in der zwölfgliedrigen Kette des *paṭiccasamuppāda*.

sales promotion – ein Mittel der Kommunikationspolitik von Unternehmen, hierbei wird das Produkt nicht dem zahlungspflichtigen Kunden nähergebracht, sondern *influencern*. So wird ein Medikament bei einer Ärztefortbildung als hilfreich dargestellt, oder von einem Automobilhersteller ein Testfahrzeug einem Reporter einer Autozeitschrift zur Verfügung gestellt (auf Hawaii incl. Begleiterin) um positive Testberichte zu bekommen, denn der Reporter will auch künftig in den Genuss eines solchen Privilegs kommen.

samādhi – „tiefe Meditation, Versenkung, spirituelle Absorbiertheit", siebtes (nach dem Sanskrit-Kanon: zwölftes) *upanisā*, *samādhi* ist auch der zweite Teil des *Dreifachen Pfades*

sammā – „höchst", „völlig richtig" auch „vollkommen", Adjektiv, dass im Achtfachen Pfad allen acht Gliedern vorangestellt wird, um zu zeigen wie Rede, Handeln usw. sein sollte. Es ist etymologisch verwandt mit Sammlung, gesammelt, gesamt, zusammen, Summe...

sammā ditthi – *sammā* heißt „höchste, richtige oder vollkommene", alle acht Glieder des Edlen Achtfältigen Pfades beginnen mit diesem Adjektiv, das etymologisch mit dem Wort „Summe" (lat.: summa) verwandt ist. *Ditthi* bedeutet normalerweise „Ansicht" und ist, wenn es ohne das Adjektiv „*sammā*" erscheint, in der Lehre des Buddha immer negativ besetzt, es kann „Meinung" heißen. *Sammā ditthi* bedeutet als „Vollkommene Ansicht" die Dinge völlig unverblendet zu sehen. Als „Rechte Ansicht" (schon richtig, aber eben noch nicht vollkommen) bedeutet es soviel wie „Rechte Vision". Das ist auch *Sangharakshitas* Übersetzung des achten Pfadgliedes.

sampajañña - „Wissensklarheit", *sati*-sampajañña ist nach dem Sanskrit-Kanon das vierte *upanisā*

samsāra – alles, was nicht *Nirwana* ist, das Leben im Kreislauf des *Bedingten Entstehens*, die zwölf *nidānas*

Sangha – spirituelle Gemeinschaft, hier besonders für die Gemeinschaft der Schülerinnen und Schüler des Buddha. Zur Sangha in engeren Sinn gehören nur Mönche und Nonnen, zur Sangha im engsten Sinn nur Erleuchtete

Sangharakshita – englischer Buddhist (1925-2018, bürgerlicher Name: Dennis Lingwood), ursprünglich im *Theravāda* ordiniert, der die Buddhistische Gemeinschaft *Triratna* gründete

saṅkhāra – 'Formation', Karmaformation, Gestaltung, Bildung, geistiges Gestalten. Das in karmischer Willenstätigkeit bestehende Gestalten. (aus: Buddh. Wörterbuch); meist hilft in der Praxis der Begriff „Willensimpulse" als Übersetzung weiter. Es ist aber nicht nur das Gestalten, sondern auch das Gestaltete. *Saṅkhāra* ist das 2. Glied in der zwölfgliedrigen Kette des *paṭiccasamuppāda.*

saññā – Wahrnehmung, Erkennen (sehen, hören, tasten, riechen, schmecken, denken); eines der fünf *khandhas*

Sanskrit – eine altindische Schriftsprache, die um 1500 v. u. Z. entstand, um die Veden, die heiligen Texte des *Hinduismus* niederzuschreiben.

sati – „Achtsamkeit" im buddhistischen Kontext meist mit *sampajañña* verbunden. Achtsamkeit besteht aus einer Fokussierung auf ein Objekt bei gleichzeitiger Berücksichtigung anderer Faktoren durch das periphere Gewahrsein.

sīla – Ethik (auch: ethischer Vorsatz, vgl. *pañcasīla*), *sīla* ist der erste Teil des *Dreifachen Pfades,* und es ist eine hohe buddhistische Tugend und eine der sechs Tugenden, die ein *Bodhisattva* übt.

sīla samvara – Beachtung der ethischen Vorsätze, sechstes *upanisā* nach dem Sanskrit-Kanon. Das Wort ist gleich-bedeutend mit dem westlichen religiösen Konzept von *religio* (gewissenhafte Berücksichtigung).

Śākya – kleine Adelsrepublik in Nordostindien, in der der spätere Buddha geboren wurde

Shakyamuni – Bezeichnung für den historischen Buddha, wörtlich: „Weiser (muni) aus dem Lande **Śākya**"

Siddhārtha – (sanskr., auf Pali: Siddhattha) Vorname des späteren Buddha (auf deutsch etwa: Siegfried)

sīla samvara – Beachtung der ethischen Vorsätze, sechstes *upanisā* nach dem Sanskrit-Kanon, das Wort ist in etwa gleich-bedeutend mit dem westlichen religiösen Konzept von *religio* (gewissenhafte Berücksichtigung)

sotāpanna – „Stromeingetretener", einer der die erste (unterste) Stufe der Heiligkeit erreicht hat, siehe unter *Stromeintritt*

Spiralpfad – die Bezeichnung geht auf *Sangharakshita* zurück und wird außerhalb der Tritratna-Bewegung nicht verwendet. Sie steht für die Kette der *upanisās.* Die Idee dahinter ist, dass die Kette des *Bedingten Entstehens,* die 12 *nidānas* ein auf dem Boden (= spirituell ganz unten) liegender Kreis ist. Die *upanisās,* die Kette der *Höheren Evolution,* geht von dort aufwärts zur Erleuchtung, allerdings nicht gradlinig, da der/die sich spirituell entwickelnde immer noch im Gravitationsfeld von *samsāra* befindet und sich so mit der Kette des *Bedingten Entstehens* weiterdreht, die Kreise, also der Einfluss der *nidānas* werden aber immer geringer, wieso man sich die Kreis als kleiner werdend vorstellen kann, je höher man spirituell aufsteigt.

Stromeintritt – So etwas wie die erste Stufe der Heiligkeit im Buddhismus, die weiteren Stufen sind Einmalwiederkehr, Nicht-wiederkehr und *Arahat*schaft (vollständige Heiligkeit, Erleuchtung). Stromeingetretene können nie wieder hinter diesen

Zustand zurückfallen, sind also der baldigen Erleuchtung (spätestens nach sieben Leben, so heißt es) sicher.

sukha – „Glückseligkeit", sechstes (nach dem Sanskrit-Kanon: achtes) *upanisā,* auch einer der Vertiefungsfaktoren in den ersten *jhānas*

śūnyatā - „Leerheit" ist ein zentraler buddhistischer Begriff und bedeutet, dass alles leer und frei von Dauerhaftigkeit ist und sich alles gegenseitig bedingt.

sutta (Mhz.: Sutren oder Sutten) - Lehrrede

tanha – Verlangen (wörtlich: Durst), 8. Glied in der zwölfgliedrigen Kette des *paţiccasamuppāda*

Tara – siehe *Grüne Tara*

Theravāda – eine der frühen Schulen des Buddhismus, die einzige *Hīnayāna*-Richtung, die noch existiert. *Theravāda* bedeutet „Schule der Älteren", was darauf hinweisen soll, dass ihre Anhänger den Buddhismus so praktizieren, wie das der Buddha selbst gemacht hat. Bei ihnen stehen die Lehrreden des Pali-Kanon, der ältesten buddhistische Schriften im Mittelpunkt.

Triratna – buddhistische Gemeinschaft, die *Sangharakshita* 1967 in London gründete. Triratna heißt wörtlich „Drei Juwelen", eine traditionelle Bezeichnung für *Buddha, Dharma* und *Sangha.* Kern der Bewegung ist der Triratna-Orden.

Über-Ich – ist nach Freud anders als das *Es* nicht angeboren, sondern wird anerzogen. Das *„Überich"* vereint demnach sämtliche gesellschaftlichen Konventionen und Moralvorstellungen.

ungeschickt siehe *akusala*

upādāna – „Ergreifen, Anhaften", ist in der *nidāna*-Kette des abhängigen Entstehens das neunte Glied

upanisā – Vom Buddha wurde im *upanisā sutta* eine Reihe von aufeinander aufbauenden und sich gegenseitig verstärkenden Bedingungen für eine spirituell positive Entwicklung aufgezeigt. Ich übersetze das Wort *upanisā* mit "Voraussetzung". Im *upanisā* sutta ist der Pfad in – je nach Quelle – 12 bzw. 19

upanisās aufgeteilt, damit stellt er eine ausgearbeitete Variante des **Dreifachen Pfades** dar.

upekkhā – Gleichmut (nicht Gleichgültigkeit!), eine von **metta** getragene Emotion, die ein Wesen als Produkt seiner Bedingungen, seiner Umwelt und seiner individuellen (genetischen, sozialisatorischen und karmischen) Dispositionen sieht. Auch einer der Vertiefungsfaktoren im vierten **jhāna**.

utu-niyāma – Im Buddhismus ist die unterste Stufe der Evolution, bevor Leben auftritt, es folgen vier weitere Stufen, die in etwa als pflanzliche, animalische, menschliche Stufe bezeichnet werden können, dann folgt die Stufe der Vollkommenheit (Buddhaschaft).

varada mudra - die wunscherfüllende Geste, in der die Hand nach unten zeigt und dem Betrachter die Handfläche zuwendet. Da häufig um Segen gebeten wird, ist sie auch ein Geste des Segnens. Sie ist bei buddhistischen Statuen häufig zu sehen ist, z. B. bei **Ratnasambhava** und der **Grünen Tara**. Diese **Mudra** bezeichnet beim Buddha nicht nur die Wunschgewährung, sondern steht auch für sein Versprechen, allen Menschen den Weg zur Erlösung zu zeigen. (Quelle: Yoga-vidya.de)

Vajra – heißt sowohl Diamant als auch „Donnerkeil", ein Gegenstand, der alles zu zerstören vermag, er ist mit Thors Hammer in der nordischen Mythologie oder mit den Blitzen die Zeus schleudert vergleichbar. Im Vajrayana wird ein solcher Kultgegenstand bei Ritualen verwendet, hierbei hat er die Funktion eines Zauberstabes.

Vajrayāna - ist eine buddhistische Richtung, die Teil des **Mahāyana** ist, sich selbst aber als eine Weiterentwicklung sieht. Nach Ansicht des Vajrayana ist das **Theravāda** die unterste Stufe des Buddhismus („1. Drehung des Rades der Lehre"), das **Mahāyana** die zweite Stufe (2. Drehung des Rades der Lehre) und das Vajrayana **(„Diamantweg")** die Vollendung (3. Drehung des Rades der Lehre).

vedanā – „Gefühlstönung, Empfindung", diese kann positiv, negativ oder neutral sein. *Vedanā* ist eine der fünf notwendigen Bedingungen, damit eine Sinneswahrnehmung stattfindet.

Vedanā ist auch das 7. Glied in der zwölfgliedrigen Kette des *paṭiccasamuppāda.*

vedanupassanā – eine meditative Betrachtung der **vedanā**

Veden – heilige Schriftem des Hinduismus

Verblendung – eines der drei Wurzelübel, die der Buddha nennt. Die anderen beiden sind Gier und Hass. Verblendung ist es, wenn man von einem Ding oder einer Person etwas erwartet, was diese nicht erfüllen kann oder will. Man kann auch von (irrigen) Projektionen sprechen, wie dieses Phänomen in der Psychologie bezeichnet wird.

Vergegenwärtigungen des Atems – eine meditative Betrachtung des Atems, bei **Triratna** üblicherweise in vier festgelegten Stufen

Vertiefungszustände, meditative – siehe **jhāna**

vicāra – anhaltende meditative Konzentration, einer der Vertiefungsfaktoren im ersten **jhāna**

Vier Edle Wahrheiten – zentrale Lehre des Buddhismus: (1) alles abhängig Entstandene ist unvollkommen, (2) es hat Ursachen (Gier, Hass, Verblendung), (3) durch Beseitigung der Ursache(n) vergeht es, (4) der Weg zur Beseitigung des Unerwünschten ist der **Edle Achtfältige Pfad**

vimutti – (pali, auf sanskr.: vimukti) Befreiung, ist gleichbedeutend mit **Erwachen** oder Erleuchtung, man ist befreit vom Ego und damit auch von **Wiedergeburt**

viññāna – (Kern-)Bewusstsein ist im der **nidāna**-Kette des abhängigen Entstehens das dritte Glied ; v. ist auch eines der fünf **khandhas**

vipāka – = Früchte, im übertragenen Sinne: Ergebnis; im spirituellen Sinn: die Früchte des **Karmas**

virāga – (= Abgeschiedenheit) nach dem Pali-Kanon zehntes *upanisā*, der Schritte auf dem Weg zur Erleuchtung

vitakka - aufnehmende meditative Konzentration, einer der Vertiefungsfaktoren im ersten *jhāna*

Vorsätze siehe **pañcasīla**

Watts, Jonathan S. - Redakteur der britischen Zeitung *Guardian*, Buchautor, Angehöriger des Internationalen Netzwerks Engagierter Buddhisten (INEB) und des *Think Sangha*, eines buddhistischen Think Tanks, der Initiativen vernetzt, Sozialstrukturen kritisiert, Alternativmodelle entwickelt, und Materialien erstellt sowie Konferenzen abhält und Graswurzelaktivitäten unterstützt.

Wiedergeburt – in Hinduismus reinkarniert sich die Seele nach dem Tode neu. Anders im Buddhismus, dieser kennt weder eine Seele noch ein Selbst, sondern nur Prozesse. Karmisch unvollkommene Prozesse, d. h. solche die mit Gier, Hass und Verblendung kontaminiert sind, führen zu einem Wiederentstehen. Gewohnheiten und Verhaltensmuster bestehen so weiter, auch über den Tod einer Person hinaus. Es ist also nicht so, dass eine verstorbene Person, oder ein „Ich" wiedergeboren wird, denn ein zentrales Merkmal des Buddhismus ist der *anattā*-Gedanke. Der Buddha vermied den Ausdruck Wiedergeburt, da dies den Anschein erweckt, es gäbe ein Wesen, das wiedergeboren wird.

Wurzelübel – auf den Buddha zurückgehender Ausdruck für die drei schlimmsten allen unerleuchteten Menschen innewohnenden Übel: *Gier*, *Hass* und *Verblendung*.

yathābhūta-ñāṇadassana – „Wissen und Erkenntnis der Dinge, wie sie wirklich sind", achtes (nach dem Sanskrit-Kanon: dreizehntes) *upanisā*

yoniso manasikāra - „weises Erwägen", nach dem Sanskrit-Kanon drittes *upanisā*

Zufluchten und Vorsätze – ein Ritual, mit dem sich BuddhistInnen (meist morgens) daran erinnern, dass sie die drei Juwelen oder Zufluchten (*Buddha*, *Dharma* und *Sangha*) in den Mittelpunkt ihres Lebens stellen, außerdem die *pañcasīla*, die fünf Vorsätze für Laien (Gewaltlosigkeit, Großzügigkeit, Wahrhaftigkeit, Genügsamkeit und Achtsamkeit)

In dieser Reihe erschienen bisher:

Buddhas Sohn Rahula (Band 1)
Geschichten aus dem Palikanon
ISBN: 978-3-7504-0010-8, 130 Seiten, Preis: 7 EUR

Die Tochter des Samurai (Band 2)
Geschichten aus Mahayana, Vajrayana und Zen
ISBN: 978-3-7519-1734-6, 145 Seiten, Preis: 7 EUR

Buddhistische Pilgerwanderung (Band 3)
Horst auf dem Weg Richtung Bodh Gaya
ISBN: 978-3-7519-7192-8, 246 Seiten, Preis: 10 EUR

Ausgewählte Lehrreden des Buddha (Band 4)
in zeitgemäßer Form nacherzählt und teilweise erläutert
ISBN: 978-3-7526-2197-6, 186 Seiten, Preis: 9 EUR

Begegnungen mit dem Transzendenten (Band 5)
Horst berichtet von seinem Weg zur Spiritualität
ISBN: 978-3-7543-1423-4, 248 Seiten, Preis: 10 EUR

Meditation und buddhistische Ethik (Band 6)
Vortragsreihe bei Meditation am Obermarkt, Gelnhausen
ISBN: 978-3-7557-6114-3, 256 Seiten, Preis: 10 EUR

Evolviere zum/zur Buddha! (Band 7)
Eine moderne und historische Beschreibung
ISBN: 978-3-7562-3601-5 , 196 Seiten z.T. farbig, 16 EUR

In Vorbereitung sind:
**Buddhistische Geschichten aus der Gegenwart
Der Prinz, der zum Buddha wurde
Selbst-Transformation durch Meditation**

Vorträge und andere Beiträge des Autors finden sich auch unter **www.kommundsieh.de** und unter **www.gelnhausen-meditation.de**

CPSIA information can be obtained
at www.ICGtesting.com
Printed in the USA
BVHW030727121022
649159BV00019B/1345